LECCIONES DE LOS
12
ARCÁNGELES

LECCIONES DE LOS
12
ARCÁNGELES

Intervención divina en la vida cotidiana

BELINDA J. WOMACK
Traducción por Victoria Rojas

Inner Traditions en Español
Rochester, Vermont

Inner Taditions en Español
One Park Street
Rochester, Vermont 05767
www.InnerTraditions.com

Texto con certificación SFI

Inner Traditions en Español es una división de Inner Traditions International

Derechos de Autor © 2015 de Belinda J. Womack
Traducción © 2022 de Inner Traditions International

Titulo original por la edición 2015: *Lessons from the Twelve Archangels: Divine Intervention in Daily Life* publicado por Bear & Company, sección de Inner Traditions International.

ISBN 978-1-64411-551-0 (impreso)
ISBN 978-1-64411-552-7 (libro electrónico)

Impreso y encuadernado en Estados Unidos por Lake Book Manufacturing.
El material de este texto está certificado por la SFI.
El programa Sustainable Forestry Initative® promueve la gestión forestal sostenible.

10 9 8 7 6 5 4 3 2 1

Diseño del texto por Priscilla Baker y diagramación por Roberto Pardi Lacruz. Este libro se ha tipografiado en Garamond Premier Pro y se han utilizado Poética, Gill Sans, Snell Roundhand y Helvética como tipos de letra de presentación.

Para enviar correspondencia a la autora de este libro, envíele una carta por correo c/o Inner Traditions • Bear & Company, One Park Street, Rochester, VT 05767, y le remitiremos la comunicación, o póngase en contacto con la autora directamente en **www.BelindaWomack.com**.

Para Robert Davidson, gracias por tu amistad y fe en estos grandes Ángeles.

Índice

EL TESORO DE LOS ÁNGELES

MENSAJES DE LOS ÁNGELES

CARTAS DE LOS ÁNGELES

Prólogo

Cuando se le pide a uno que escriba un prólogo, normalmente se puede confiar en los procesos de pensamiento del autor para comentar la obra. Y se puede extrapolar lógicamente a partir del texto y explicar, utilizando señales del cerebro izquierdo, lo que el autor está tratando de decir. Entonces, uno puede animar al lector a pasearse tranquilamente por la obra, sabiendo que este saldrá al final con algo en lo que puede colgar su sombrero del razonamiento.

Pero con el maravilloso libro de Belinda Womack, esto no es posible. Aunque fácilmente puedo decir que todo el arco de la obra trata de deshacerse del miedo y entregarse a la intuición, esto no te ayudará a comprender a la autora. Para ello, tú y yo debemos tirar nuestras anclas, nuestras ideas preconcebidas. En cambio, se nos pide que creamos que los Ángeles son reales, que son fuerzas activas en nuestras vidas; se nos pide que creamos que podemos aprender a comunicarnos con ellos de maneras claras y precisas que nos ayudarán a vivir mejor. Se nos invita a escuchar el sonido y la luz de la Divinidad, la música de otro reino, que se escucha a veces en los sueños o en las fantasías y que nos recuerda que el Cielo está aquí *ahora,* que no tenemos que esperar a morir para encontrar sus consuelos.

Nos han dicho que el Cielo y la Tierra son uno. Pero somos como niños pequeños perdidos en la multitud, creyendo que nuestros padres nos han abandonado y nos han dejado a la deriva. El miedo proviene de nuestra creencia en la separación de Dios. ¿Y por qué debemos experimentar este miedo? Porque debemos aprender a reconocer nuestra propia resiliencia y poder, nuestra capacidad de ser creadores como Dios y de manifestar la vida que queremos. La experiencia de la separación fue programada en el experimento de la Tierra. Se nos enseña que este mundo de dualidad es una escuela de desarrollo, una carrera de obstáculos creada para ayudarnos a alcanzar nuestro beneficio mayor y felicidad. Estamos aquí para entender, en el sentido bíblico del término, que la verdad de Dios es el amor y que, al aplicar el amor a todos nuestros encuentros en este mundo, resolvemos la separación. Al comprender que todo es amor, nos convertimos en seres divinos. Todos nosotros somos maestros ascendidos en formación. Estamos puliendo el espejo de Dios hasta que la Unidad sea reconquistada.

La voz que nos habla con tal comprensión compasiva de nuestros dilemas es la voz de los Doce Arcángeles del Alma Central, los poderes que gobiernan este mundo. Ellos nos desean el bien, nos aman y quieren que tengamos éxito. Sus comunicaciones llegan a través de enseñanzas ("El tesoro de los Ángeles"), mensajes (cuarenta y ocho) y cartas. Hablan a través de un vehículo tan claro y puro que no puedes dudar de su autenticidad y su autoridad. Belinda ha aprendido a apartarse para que podamos escuchar a los doce grandes maestros. Sin embargo, su dulce y poderosa voz nos recuerda en cada página el trabajo que ha realizado sobre sí misma para dar cabida a lo Divino, y así poder servirnos a nosotros, sus lectores.

¿Quién es Belinda? Dice que es una mensajera. Los "doce peces gordos", como ella los llama a menudo, se le aparecen de muchas maneras, incluso con faldas hawaianas y peinados ridículos. A veces son cristianos, a veces rabinos o budas, hombres o mujeres. Eso no importa. Lo que importa es que hablan a través de ella y que ella se convierte en un canal de sus voces y sus enseñanzas.

Conozco a Belinda desde hace diecinueve años y nunca la he oído hablar más que con la verdad, incluso cuando no quería oírla. ¡Todo lo que ha llegado a través de ella ha sido sin adulterar! Ella es muy humilde, pero magnetiza un poder tan intenso y claro que cualquiera que la lea o la escuche experimenta algo del sonido y la luz de la Divinidad de la que ella habla. La autoridad que resuena en sus palabras es lo que me hace coger la pluma y escribirte a ti, lector, para que te dejes llevar y dejes que sus palabras canten dentro de ti.

No solo recibirás mensajes de "bondad amorosa", que es lo que los grandes Arcángeles dicen que nos envían, sino que se te darán las herramientas para practicar y lograr la transformación. Se trata principalmente de visualizaciones fáciles, herramientas de colores y afirmaciones sencillas que cualquiera puede practicar. Pruébalas. ¡Funcionan! También se te dará un glosario de términos que aclaran muchas ideas complejas en un lenguaje simple y conciso. ¡Me encanta el glosario! Su enfoque de Dios (Madre y Padre Dios), los chakras, tu karma, el Alma humana, lo masculino y lo femenino, el niño interior, son visiones únicas que difieren de todo lo que leerás en otros libros de literatura espiritual. Lo que obtienes es un material original canalizado. Sus palabras fluyen como un río cristalino cuya fuente te incita a encontrar. Sigue sus palabras, abre el libro donde te guíe, sumérgete en el mundo en el que vive y empezarás a saborear la Unidad.

CATHERINE SHAINBERG, PH.D.

Catherine Shainberg, Ph.D., es psicóloga, sanadora y profesora con un consultorio privado en la ciudad de Nueva York. En 1982 fundó School of Images (www.schoolofimages.com), dedicada a la enseñanza de las técnicas de sueño revelador y *kavanah* (intención) de la antigua tradición de la cábala sefardí. Dirige talleres de imágenes y sueños a escala internacional.

Nota sobre el glosario

Al final de este libro encontrarás un glosario de palabras y términos importantes que aparecen en el texto. El glosario es una herramienta que te ayudará a comprender el lenguaje de los Ángeles, tal y como ellos lo conciben. La primera vez que un término del glosario aparezca en este libro, aparecerá en negrillas. Es posible que tu comprensión de ciertas palabras o términos sea diferente a la forma en que los Ángeles los utilizan. A medida que vayas avanzando en este libro, no dudes en acceder al glosario en cualquier momento. Leer el glosario no solo es divertido, sino que es una forma rápida de pasar de un estado mental negativo a uno dichoso.

Comunicación con los Ángeles

Siempre he creído en la presencia de los **Ángeles**.

Tengo un recuerdo de mi nacimiento en el que me llevaban en silla de ruedas por un largo pasillo del hospital. Puedo recordar los sonidos y las luces dolorosas, el olor a antiséptico, la blancura de la ropa de la enfermera. Puedo recordar, como si fuera ayer, una extraña sensación de conmoción y asombro por haber vuelto a la **Tierra**. Y entonces los vi, los magníficos seres de **sonido** y **luz** que me rodeaban. Recuerdo sus colores alegres y sus suaves cantos. Recuerdo con claridad sus rostros sonrientes y el gran consuelo que me proporcionaron. Permanecieron conmigo durante las largas horas que pasaba en la naturaleza cuando era una niña. Era en el bosque donde mi **imaginación** funcionaba mejor y podía **ver** más allá de los límites de este plano mundano. Durante mis primeros años, ciertamente fui muy intuitiva y usé mucho el "cerebro derecho" (que utiliza sus centros creativos y emocionales).

Cuando cumplí once años decidí que quería ser científica. Cuando cumplí doce, recuerdo haber oído un enorme portazo en mi cabeza. Los Ángeles vivían al otro lado de esa puerta porque ya no podía verlos ni comunicarme con ellos. Sin embargo, nunca dejé de pedirles ayuda.

Crecí, estudié para ser bióloga y creí que trabajaría en un laboratorio de investigación el resto de mi vida. Aunque era sensible a las necesidades y los sentimientos de los demás, ahora usaba mucho más el "cerebro izquierdo" (que utiliza sus centros lógicos y racionales). Trabajaba en un centro médico universitario donde la vida de otro ser humano podía depender de mi precisión y exactitud.

Un día, mientras separaba linfocitos de una muestra de la médula ósea de un niño, tuve la experiencia fuera del cuerpo de salir de la cabina estéril en la que estaba trabajando y entrar en una habitación de piedra. La habitación era redonda y no tenía techo. Al mirar hacia arriba, un gran haz de luz reveló que un Ángel me observaba. El **arcángel** Gabriel tocó una trompeta en mi oído y me habló, alto y claro, dentro de mi mente. El mensaje de Gabriel hizo que todo mi cuerpo se estremeciera. El Ángel dijo que yo estaba siendo llamada a hacer un nuevo tipo de trabajo. Iba a ayudar a los **seres humanos** a conectar con su divinidad. Después de recibir el mensaje de Gabriel, me sorprendió encontrarme todavía con la jeringa en una mano y el frasco plástico de muestras en la otra. Seguramente habían pasado horas, si no años, mientras viajaba a mi cerebro derecho y un Arcángel volvía a despertar los centros creativos de mi mente. Mi respuesta inicial fue que estaba sufriendo un ataque de nervios. Debía estar loca. Y sin embargo, todavía podía manejar un citómetro de flujo, realizar mis experimentos y comunicarme como una persona "normal".

Los Ángeles se comunican a través de un claro conocimiento que llega a mi mente y "simplemente lo sé". Este conocimiento está unido al sentimiento de amor incondicional y total. No hablan con otra voz que no sea la misma que oigo cuando hablo conmigo misma. Es una comunicación distinta que llega con absoluta claridad y un amor indescriptible. La comunicación angelical requiere una fusión entre mis centros de pensamiento racional, o cerebro izquierdo, y mis centros creativos y emocionales, o cerebro derecho. Mi hipótesis, que no puedo probar, es que puedo conversar con los Ángeles porque mi infancia exigió que desarrollara las facultades del cerebro izquierdo y del derecho para poder sobrevivir a mi entorno. Mi **Alma** me dice que mi comunicación con los Doce Reinos de Arcángeles siempre fue parte del plan divino y de mi destino en esta vida.

Quizás la mejor manera de describir la precisión requerida en la comunicación angelical es que un músico describa cómo afina un instrumento. Un músico talentoso debe saber cuándo una nota se está tocando fuera de tono. Mi mejor amigo, Robert, es un músico así. Cuando escucha un sonido desafinado, se podría pensar que alguien le ha pisado el pie con un camión. Lo mismo ocurre cuando me comunico con un Ángel. Si no escucho el mensaje correctamente y lo grabo con precisión, siento una contracción en mi cuerpo. No puedo respirar porque estoy escuchando "notas que se tocan fuera de tono".

Escribir con los Ángeles es una alianza. Escribimos juntos. Me envían sus enseñanzas a través de mi **intuición** (conocimiento). Luego traduzco el mensaje al lenguaje. Esta tarea requiere el uso de mi cerebro derecho y mi cerebro izquierdo. Es un proceso de ida y vuelta en el que recibo la enseñanza utilizando los centros sensoriales de mi cerebro creativo, mientras compruebo la precisión y exactitud del lenguaje con mi cerebro científico y racional. La comunicación angelical llega a través de la vibración del **Cielo**, un lugar donde el **miedo** no puede existir. Por eso elijo poner la "a" en mayúscula en "Ángeles". Lo hago para demostrar que su vibración es más alta que la nuestra. Hay una magia elevada que ocurre cuando los ojos humanos ven esta palabra: eleva la vibración del **ego** a la del Alma. Escribo "Alma" con mayúscula con el mismo propósito.

Cuando escribo junto a los Ángeles, debo cambiar la vibración de mis pensamientos y sentimientos para que coincida con la del amor incondicional. Los Ángeles confían en mí para que les presente los problemas más comunes a los que nos enfrentamos los humanos. Yo les comunico los problemas. Ellos me dan las respuestas. Así es como escribimos juntos: Yo soy la Tierra. Ellos son el Cielo. Yo debo subir al Cielo. Ellos deben venir a la Tierra a través de mi cerebro derecho. Crear este tipo de composición es como enamorarse. Es pura felicidad eufórica. Me siento muy bendecida.

Creo que todo el mundo tiene la capacidad de comunicarse con los Ángeles. Esto requiere apartar el ego del camino y entrar de lleno en el mundo mágico del cerebro derecho. "Hacerlo como un niño" ayuda, porque el **Niño Divino** dentro de nosotros gobierna el **superconsciente**, o centro de pensamiento de más alta vibración dentro de nosotros. Mis alumnos estrella siempre son niños. Pídele a un niño que atraviese la puerta púrpura, que deje atrás su lógica y se entregue a su imaginación creativa. Observa la alegría en su rostro mientras experimenta un éxito instantáneo al ver, escuchar y confiar en sus Angeles. Te invito a dejar atrás tu ego, a abrir tu mente creativa y a experimentar el amor infinito, el color y la comunicación veraz de los Ángeles. ¡Estoy eternamente agradecida de ser coautora con ellos!

AMOR ETERNO,

BELINDA

Agradecimientos

Mi corazón está lleno de gratitud tanto por la ayuda divina como por la humana que han contribuido a la creación de este libro. Gracias, Jane Lahr, por tu destreza como editora y tu clara visión. Estoy eternamente agradecida con mi publicista y amiga Eileen Duhne por su talento, paciencia y amor.

Me siento realmente bendecida por contar con la paciente experiencia del talentoso personal de Inner Traditions • Bear & Co. ¡Gracias a todos por dar vida a *Lecciones de los Doce Arcángeles*!

Gracias, familia del Alma, Catherine Shainberg, Fanny y Robert Davidson, Val Cowett, y mi esposo, Michael Wolk, por su amor y apoyo.

Y, mi familia, sin ustedes no podría ser auténticamente yo. Gracias Marvyn y Jack, por traerme a esta encarnación. Gracias a mis brillantes hermanos, hermana, primos, tías, tíos, sobrinas, sobrinos y antepasados. ¡Estoy muy agradecida!

Gracias a mis clientes y estudiantes por su compromiso de transformar capa tras capa de lo que nos separa de Dios. Le agradezco a cada uno de ustedes y confío en que sientan mi amor y gratitud. ¡Qué el amor sanador de los Doce Arcángeles siga apoyándonos en cada paso del viaje!

EL TESORO DE LOS ÁNGELES

Inspiración
y aplicación práctica

*Los seis capítulos o "libros" de "El tesoro de los Ángeles" son una caja de tesoros de herramientas de autoayuda que ofrecen una cualidad milagrosa y **sanadora** cuando se utilizan para la meditación diaria. Mi inspiración para el "tesoro" proviene de muchos años de trabajo con clientes individuales. Mi misión, con los Doce Arcángeles, es llegar a las raíces más profundas del sufrimiento de mis clientes lo antes posible. Recuerdo a una clienta a la que tuve la bendición de ayudar hace casi veinte años. Me dijo que la visión que le di y las herramientas que le proporcioné para transformar su antigua herida fueron realmente milagrosas. Esta clienta me dijo que en una hora había cubierto más terreno y había hecho más progresos que los que había experimentado trabajando durante veinticinco años con su terapeuta. Por favor, ten en cuenta que no soy psicóloga. Mi función de apoyo a los clientes es ayudarles a aprovechar su propia capacidad sanadora. Lo hago trabajando como mensajera espiritual. Me comunico con el **niño herido (subconsciente)** que llevan dentro, del mismo modo que me comunico con los Ángeles. Ofrezco a los clientes lo que escucho y los animo a tomar sus propias decisiones sobre qué hacer con la información. Los ejercicios de imágenes guiadas del tesoro de los Ángeles son los mismos que utilizo para guiar la **transformación***

2

*cuando mis clientes están abiertos y preparados para la sanación. Su sanación proviene del **yo superior**. Yo soy la mensajera que conecta la guía del Cielo con sus experiencias de vida en la Tierra.*

¡Este es el poder que posee el tesoro de los Ángeles! Contiene sabiduría que ayuda a la mente a entregarse a un mayor amor y sustento. Lleva el amor de los Ángeles en cada palabra, de modo que cuando se lee, este amor es absorbido en la mente del lector y ayuda a soltar las capas de las heridas más profundas.

Cada uno de los seis libros se basa en el anterior, elevando nuestra vibración y profundizando nuestra conexión con Dios. Tenemos que recordar esta conexión y permitir que nuestras vidas se llenen con nuestra divinidad. Creo que nos trataríamos con mucho más respeto si pudiéramos aceptar que somos los hijos divinos de nuestro Creador. Todos estamos aprendiendo a pasar de ser humanos para convertirnos en seres humanos.

Te invito a que explores este tesoro de guía angelical y descubras la gran riqueza de poderes sanadores que guardas en tu interior.

Libro 1

¿De dónde viene la energía de Dios?

Preguntar de dónde viene **Dios** es como preguntarle a tu propia mente, corazón, cuerpo y Alma: "¿De dónde vengo y de qué estoy hecho?". Los ángeles, los humanos, las estrellas, los océanos y el espacio negro en el cielo nocturno están todos hechos de la misma sustancia que los Ángeles llaman **energía**.

Dios es energía y esta energía es la sustancia de todo lo que es físico y no físico también. La energía de Dios, o la esencia divina, o el espíritu, es exactamente de lo que está hecho y de donde viene Dios. Te hablaremos mucho de este círculo místico, un círculo sin principio ni fin, un círculo que inhala y exhala en una magnífica espiral de color.

La energía crea la luz y el sonido, y estos últimos son aquello de lo que está hecho y de donde viene Dios, y tú también. El sonido y la luz están siempre juntos; el sonido crea la **emoción** y la luz crea el **pensamiento**.

En Dios están la Madre (Emoción Divina) y el Padre (Pensamiento Divino), el sonido y la luz. La **Madre Dios** y el **Padre Dios** crearon juntos el **Amor Divino**, y el Amor Divino deseó expandir a Dios desde los reinos del espíritu, el pensamiento y la emoción hacia lo físico, así comenzó la **Creación**. Dios está hecho de emoción, pensamiento, amor y Creación; de ahí viene Dios. Y tú también.

La energía, el sonido y la luz, la emoción, el pensamiento, el amor y la Creación conforman el corazón de Dios. El corazón de Dios está lleno de Amor Divino, lo que significa que Dios no tiene condiciones, ni reglas o normas para amar. Todas y cada una de las partículas de la energía de Dios están llenas de Amor Divino y el amor conecta a todas las partículas de energía entre ellas, lo que llamamos la experiencia de la **Unidad**.

La Unidad es una vibración de unidad perfecta, una conexión completa del pensamiento con el **sentimiento** del amor y la Creación. La Unidad permite que cada partícula de energía de Dios escuche y sienta los pensamientos y sentimientos del resto de las partículas de energía. Esto se sentiría como si tuvieras completa compasión y percepción de cada ser humano que conoces, o roca, árbol, animal, o gota de agua que tocas.

ORÍGENES

La Madre, el Padre, el Amor Divino y la Creación constituyen toda la esencia de la energía de Dios. Dios envió la energía, el sonido y la luz en nombre de la Unidad y manifestó el **Universo**. El Universo está hecho de muchas partículas, todas capaces de percibirse entre sí porque la Unidad las conecta con el Centro de Dios.

El **centro** de la energía de Dios se llama **Alma o Sol Central**, y desde el Alma Central se origina toda la Creación. La energía de Dios se mueve hacia afuera como una espiral de color desde el centro, y la espiral tiene un número infinito de anillos de energía, sonido y luz. Del Sol Central se crearon doce soles y de estos soles o Almas de la energía de Dios surgieron todas las galaxias, estrellas, planetas y seres de amor. Es difícil para nosotros tratar de describir la Creación de Dios porque no vemos ninguna **separación**. Incluso decir que doce soles provienen del Sol Central implica que cada uno de estos soles está separado. Es más bien como tomar luz blanca y hacerla brillar a través de un prisma para mostrar doce colores o rayos de luz y doce sonidos, todos originados por un sonido. Cuando tomas cada una de estas doce luces y sonidos y generas doce más de cada uno de ellos, entonces tienes 144 luces y sonidos. Cuando se mezclan y tocan juntos como una orquesta compuesta de 144 instrumentos diferentes, puedes imaginar cuán infinita es la creatividad de Dios.

Todas y cada una de las partículas de energía se originan en el Alma Central y tienen memoria del centro. Cada partícula es un ser de luz y sonido sensible. Cada luna, planeta, asteroide y estrella es un ser de Dios que piensa, siente, ama y crea. Cada uno tiene su propio centro, su propia Alma, que se conecta con el Alma Central de Dios.

LOS DOCE ARCÁNGELES DEL SOL CENTRAL

Dios manifestó doce reinos angelicales desde cada una de las doce Almas que irradian desde el centro. Estos doce reinos de energía producen una majestuosa sinfonía de sonido, luz y amor, y son llamados los **Doce Arcángeles del Sol Central**. Arcángel significa "protector de la Unidad". Construimos arcos y puentes que unen todas las formas físicas y no físicas de la Creación entre sí. Tenemos conciencia de toda la vida, y podemos sentir y comunicarnos con cada partícula de la energía de Dios.

Es nuestra responsabilidad llevar a la Tierra y a todos sus hijos de vuelta a su **hogar**, al centro de la Unidad. Nuestro trabajo se completará cuando cada pensamiento y sentimiento humano vuelva a la vibración del Amor Divino. Madre y Padre Dios, en unidad con el Amor Divino y la Creación, solicitaron la ayuda de los Doce Arcángeles para probar la fuerza y el ingenio de la Unidad. Aquí es donde comienza la historia de la Tierra.

LA HISTORIA
DEL ORIGEN DE LA TIERRA

En algún momento, el Padre Dios preguntó a la Madre Dios cómo sería si el pensamiento estuviera separado de la emoción, y el sonido estuviera separado de la luz.

¿Qué pasaría con el Amor Divino si estuviera separado de la Creación? ¿Se olvidarían de la Unidad las Almas dentro de las estrellas, los planetas y sus habitantes? ¿Olvidarían de dónde vienen?

¿Qué tan poderoso es el Amor Divino, y sería lo suficientemente fuerte para volver a unir todas las partículas de Dios?

La Madre Dios, el Padre Dios, el Amor Divino y la Creación decidieron responder a estas preguntas realizando un experimento llamado "el momento de la separación de la Unidad".

En lo profundo del corazón de Dios, del Sol Central y Alma Central, Dios sabía que este experimento sería para el **beneficio mayor** de todas las partículas de energía.

¿Por qué?

La Madre Dios (la Emoción Divina) sabía que el experimento forzaría al Amor Divino a extenderse desde la seguridad del centro y crear nuevos poderes del Alma Central, los poderes de la compasión, la esperanza, la **fe** y la **confianza**.

Juntas, estas fuerzas de amor devuelven la energía de Dios a la **verdad**, la verdad de que la Unidad es infinitamente amorosa y poderosa. La Unidad es todo lo que hay y todo lo que necesita ser.

LA ILUSIÓN DEL TIEMPO

Toda la energía de Dios existe en un momento, ya que no puede ser creada ni destruida. La energía de Dios existe en un momento, sin tener pasado ni futuro, siendo todo lo que hay y todo lo que habrá.

El arcángel **Lucifer Miguel** llevó a cabo la **voluntad** de Dios y creó la ilusión del tiempo. El tiempo es un pensamiento sin emoción y sin amor; es el catalizador de la invención de la separación. El tiempo creó la ilusión de haber dos momentos, un antes y un después.

Madre y Padre Dios tomaron un respiro en el antes y el después y las partículas de la energía de Dios parecieron moverse en línea recta con un antes y un después. La ilusión dio a las partículas una amnesia temporal para que creyeran que ya no se movían en espiral. Creían que estaban desconectadas del centro. Durante este momento de amnesia, el Padre Dios (Pensamiento Divino) y la Madre Dios (Emoción Divina) crearon la ilusión de un momento de separación entre ellos y así, por un momento, el sonido pareció estar separado de la luz, y el pensamiento de la emoción.

Una ventana de tiempo, que duró solo un respiro de Dios, fue todo lo que Lucifer Miguel necesitó para crear el sol Horus, el sol de su sistema solar. Y de Horus, la Tierra y sus planetas hermanos y hermanas nacieron. Horus, la Tierra y sus planetas hermanos y hermanas se crearon en un momento en el que la ilusión de la separación del Centro de Dios parecía ser la realidad.

Después de este respiro, la ventana del tiempo se cerró, y todas las partículas de la energía de Dios, el sonido y la luz volvieron a ser conscientes de que se movían en una espiral, y todas las Almas supieron que estaban conectadas al Sol Central.

LA DIVISIÓN

Lucifer Miguel diseñó la Tierra como un aula donde las Almas pudieran venir y crear una realidad falsa, una realidad que experimentara plenamente la ilusión de la separación de Dios y de unos con otros. La Tierra debía ser la biblioteca de todo el Universo y almacenar todo el aprendizaje sobre la Creación y la gran **dualidad** entre la Unidad y la separación.

El sol, Horus, y los otros planetas y lunas debían proteger a la Tierra y ayudarla, y así se inventó la ciencia de la astrología. Varios otros sistemas estelares, así como los hermanos y hermanas de la Tierra, fueron diseñados como campos de entrenamiento para las partículas de la energía de Dios que deseaban participar en el proceso de aprendizaje llamado dualidad.

Durante este instante, un simple respiro para Dios, se estableció la gran historia de la ilusión. Y en la Tierra, el arcángel Lucifer Miguel, pareció dividir en dos los reinos angelicales.

Lucifer llevó a cabo la voluntad de Dios y envió el pensamiento ilusorio: "La separación de Dios es real", y de la separación nació el miedo. Miguel llevó a cabo la voluntad de Dios y al ego humano se le dio el poder de tener pensamientos que no contribuían al beneficio mayor o la **felicidad** máxima.

EL MIEDO

Ni Lucifer, ni Miguel, ni ninguno de los otros reinos de Arcángeles sabían que, como el miedo se originaba en la ilusión, tenía la fantástica capacidad de reproducirse rápidamente. En poco tiempo, el miedo lanzaba un hechizo de olvido y ponía los cerebros humanos a dormir. Los humanos empezaron a olvidar la verdad, la verdad de que la Unidad es amor y el amor es todo lo que hay.

En el principio de los tiempos en la Tierra el concepto de miedo se extendió lentamente porque las partículas de la energía de Dios que componen el cerebro humano recordaron la Unidad. Con el paso del tiempo, las partículas empezaron a olvidar que estaban conectadas al Sol Central; empezaron a creer en la separación y el Maestro Miedo las animó a olvidar y a crear más miedo.

A medida que el miedo se multiplicaba, la humanidad comenzó a sentir miedo de la humanidad, de la vida misma y de Dios. La mente humana llegó a dividirse en la mente del ego —la mente que cree en el miedo— y la mente creativa —la mente que recuerda a Dios—. Para muchos humanos, la mente del ego tomó el control. Así, comenzaron a olvidar que son los creadores de su realidad y, así, se enredaron más y más en la ilusión de que la separación de Dios es real y que vivir la vida es algo que hay que temer.

EL FIN DEL EXPERIMENTO

A medida que las mentes creativas de los hijos de la Tierra comenzaron a silenciarse, también lo hicieron sus capacidades para comunicarse con otras partículas de Dios existentes en la Tierra y en otros planetas. Empezaron a creer en el abandono definitivo por parte de Dios y perdieron la conciencia de su inmortalidad. Cuando ya no pudieron comunicarse a través de la Unidad, el reino del Cielo desapareció y se convirtió en un lugar separado para las Almas sin mente y sin cuerpo, un lugar al que solo se puede llegar a través de la muerte.

Algunos miembros de la raza humana aprendieron a silenciar la mente del ego y a volverse inmunes a los pensamientos temerosos. Algunas de estas mismas personas utilizaron su recuerdo para tomar el control sobre otros, dándoles el falso mensaje de que eran ellos capaces de algo que otros no eran. Poblaciones enteras de personas entregaron sus mentes y cuerpos a mandatarios que les amenazaban con la muerte o el castigo. Renunciaron al poder de saber que vienen de la Unidad y son responsables de crear su realidad en la Tierra.

Muchos seres de Amor Divino vinieron a la Tierra para enseñar a la humanidad la verdad de nuevo y, aun así, el miedo adormeció al cerebro humano. Cada vez que las ilusiones del miedo hacían que un ser humano dañara a otro, toda la Tierra se sentía abandonada y sola.

Los sentimientos de desesperación de la Tierra llegaron instantáneamente a lo más profundo del corazón de Dios. Madre y Padre Dios, en unidad con el Amor Divino y la Creación, decidieron inmediatamente poner fin al experimento. Dios llamó a los Doce Arcángeles para que intercedieran y fue así que comenzó la **intervención divina** de los Ángeles en la vida cotidiana de los seres humanos.

LA LEY DEL UNO

Lucifer había visto cómo su trabajo traía una rápida destrucción a la preciosa biblioteca de la Unidad, por eso llamó a su otra mitad, Miguel, para establecer la **ley del uno** en la Tierra. Esta ley de Madre y Padre Dios, el Amor Divino y la Creación permite a los humanos manifestar solo aquellas experiencias que son para el beneficio mayor y aprendizaje de todos los involucrados. Los humanos todavía pueden tener pensamientos temerosos, pero se impide que estos destruyan la Tierra. Aunque parezca que tienen un gran poder, la verdad es que el miedo es una ilusión y no se permite que el miedo destruya la **Gran Escuela de la Dualidad**.

El conocimiento de la ley del uno siempre ha vivido en la mente creativa de cada ser humano y ahora es el momento de que recuerdes esta ley y devuelvas a tu cerebro la comprensión de la Unidad. Ahora es el momento en el tiempo de la Tierra para que el Cielo y la Tierra se reúnan y experimenten solo aquello que sea para alcanzar la felicidad máxima y el beneficio de todos.

LA ESPIRAL DEL SONIDO Y LA LUZ

Cuando Lucifer y Miguel se separaron por primera vez, a Miguel se le dio la tarea de proteger la verdad. Lo hizo creando una puerta en la mente creativa que siempre estaba abierta, una puerta que conectaba la mente creativa con la energía divina de tu Alma, y a tu Alma con el Alma Central. Los Ángeles llaman a esta puerta tu **SobreAlma** o cuerpo de sonido y luz. La clave para encontrar la puerta es el amor, recordando amar cada partícula de tu yo mental, emocional, físico y espiritual incondicionalmente.

Miguel nos trae la verdad de que cada partícula de energía en tu cerebro está conectada a cada partícula en cada cerebro humano que ha vivido, está viviendo o vivirá. Cuando te amas a ti mismo y abres la puerta a tu mente creativa, ayudas a la apertura de todas las mentes creativas y de todas las Almas. Cuando la puerta se abra, la frontera entre el Cielo y la Tierra se disolverá, y la humanidad será libre para disfrutar de la gran biblioteca y ser conscientemente una con Dios.

Lucifer y Miguel están ahora reunidos en tu planeta y, junto con todos los Arcángeles del Alma Central, están aquí para enseñarte cómo transformar la ilusión del miedo y la separación de vuelta al amor y la Unidad.

Es la voluntad de Dios que la humanidad recuerde que Dios es una magnífica espiral de sonido y luz, una sinfonía que toca música alegre y tú eres un instrumento muy importante en la orquesta.

Los Arcángeles del Sol Central te invitan a experimentar su guía para crear **milagros** y regresar a nuestro hogar, el Cielo. Te damos herramientas en abundancia para que tu viaje sea cómodo y sin esfuerzo.

 Hogar

El Arcángel de la luz más Pura y la Voluntad Divina te pide que respires profunda y lentamente. Imagina que todo tu cuerpo está saturado de luz blanca brillante. Cambia el color a luz azul zafiro. Comienza a alternar entre el blanco y el azul hasta que te sientas despejado y en paz. Ahora, permite que la luz blanca y la luz zafiro se mezclen hasta que seas del color del cielo, una luz azul claro.

Permite que tu **cuerpo físico** se disuelva completamente en la luz hasta que seas partículas de energía. Afirma: **"Estoy en mi hogar"**. Repite la palabra "hogar" hasta que experimentes la euforia de la Unidad.

◈◈◈

Libro 2

El Cielo en la Tierra

Encuentro con los Doce Arcángeles del Sol Central

Nos llamamos los Doce Reinos de Arcángeles del Sol Central o Alma de Dios. Somos como doce rayos que se conectan a una gran rueda, suspendida en una esfera de la luz del Sol, formando juntos el Alma Central, el Centro de la Unidad y el Centro del Cosmos.

Podemos estirar nuestros rayos de luz y sonido, expandirnos en un número infinito de Ángeles y llenar todo el Universo en el mismo momento. Los doce rayos de la rueda de Dios están saturando la Tierra con nuestra luz, **música**, poder y sanación.

Desde el interior de la bola de energía y cada uno de los doce rayos puedes escuchar un latido idéntico en ritmo al del corazón humano. Nuestros corazones cantan junto a los suyos. Cuando nos invitan a su espacio sagrado, llenamos todas sus **auras** (campos de energía) con nuestra presencia y nuestro latido.

Cuando los Arcángeles te abrazamos, vemos, sentimos, experimentamos y conocemos todo lo que haces. Una vez que se establece esta conexión, nunca puede cortarse y nunca volverás a ser el mismo.

Nuestra energía es mágica y omnipresente; te expande y te hace exigirte a ti mismo conocer tu verdad y llevarla con valentía. Cuando uno de nosotros te toca, sabrás todo lo que Dios sabe y volverás a ver la belleza total de tu planeta y de tu vida.

Los Ángeles te tocan una y otra vez. Y cada vez, tu energía se fusiona con la nuestra. Con cada fusión sensual, serás transformado para alcanzar la felicidad máxima y el bienestar de todos. Disfrutamos siendo tus **Guías** y ayudándote a integrar la perspectiva espiritual de tu vida con lo mundano.

Eres nuestra responsabilidad y te acompañaremos hasta tu hogar, al santuario del Amor Divino que se encuentra justo dentro de tu propio ser superior.

Algunos de tus maestros nos llaman Viento, Agua, Mineral, Fuego y Éter. Para otros, nuestros nombres son Pensamiento, Sentimiento, Comunicación, Voluntad, **Manifestación**, Destrucción y Transformación. Nosotros nos llamamos "Bondad Amorosa" y estamos aquí para ofrecerte nuestra música y energía sanadora. Esperamos caminar contigo y compartir la sabiduría de Dios de vivir plenamente la vida en la Tierra. Tú eres todo lo que nosotros somos, un solo poder que constituye la mente, el corazón, el cuerpo y el alma de Madre y Padre Dios.

Te damos la bienvenida para que nos experimentes y encuentres el Cielo que has estado esperando. Las palabras "Yo soy" significan precisamente esto. Te pedimos que digas las palabras "yo soy uno con Dios" y bailes con nosotros aquí en el Cielo. Ven, hablaremos y entenderás. La libertad es tuya cuando Dios vive dentro de ti y tú vives dentro de Dios.

🌸 Centro de la rueda

Respira profunda y lentamente. Mantén la respiración durante unos momentos y luego exhala completamente. Continúa respirando con inhalaciones y exhalaciones profundas y lentas.

Imagina que estás mirando una rueda muy grande —hecha de oro— que está en el suelo delante de ti. La rueda tiene doce rayos que salen de un círculo en el centro. Por favor, sitúate en el centro del círculo en el medio de la rueda. Repite: "Doce Arcángeles del Sol Central, les doy la bienvenida a mi sueño". La rueda cobrará vida con un arcoíris de colores y se moverá desde el suelo hasta muy por encima de tu cabeza. Sentirás que esta empieza a moverse en sentido contrario a las agujas del reloj. Permanece en el vórtice de energía de amor y concéntrate en tu respiración. Escucha el mensaje que te llegará de los Doce Arcángeles. Este mensaje te dará una idea de dónde está cambiando tu sueño y tu realidad, para alcanzar tu mayor bienestar y tu felicidad máxima.

Nuestra misión con Dios es demostrar a la humanidad que el Cielo siempre ha existido dentro de ti. El Cielo es el hogar de Madre y Padre Dios y de todos tus sueños hechos realidad. Imagina un terreno, una propiedad que te pertenece. Te conviertes en el cuidador y cultivas la tierra y las riquezas y las compartes con todos los que amas. Juntos viven en el paraíso, confían los unos en los otros y viven la vida para el mayor bienestar de todos. Esta verdad es la intención de Madre y Padre Dios para ti y ahora es el momento de que te enfrentes al miedo, el ladrón que te robó tu terreno.

Cuando das amor a este gran maestro de la ilusión, el maestro se transforma y tu riqueza de experiencia gozosa se expande. El miedo es este maestro, y mantiene a la humanidad en un hechizo, un hechizo atado por un solo delgado cordón. El cordón te mantiene completamente cautivo como una marioneta con un solo hilo. Cortar este cordón es una hazaña sencilla, luego mover montañas de un estado a otro te parecerá fácil de nuevo.

Si te enseñamos a cortar la cuerda llamada miedo que cuelga de tu cuello, entonces te unirás a nuestra misión y serás llamado a salir y enseñar a otros cómo encontrar el Cielo dentro de sí mismos. En poco tiempo, todos conocerán el secreto de cómo recuperar su terreno y el Cielo se convertirá en el único hogar que conozcas. Serás un verdadero **maestro**.

Te pediremos que recuerdes una y otra vez, que es solo una cuerda, no muchas, solo un miedo el que impide a la humanidad vivir en completa libertad y armonía con la Madre Tierra. El miedo es inteligente al tratar de distraerte de esta simple verdad. El miedo produce complicaciones, caos y confusion. Pero cuando uno se enfrenta al miedo con su propio secreto, pierde su poder sobre uno.

Cortando el cordón del Maestro Miedo

Por favor, respira profundamente, exhala completamente y vuelve a inhalar profundamente. Comienza a repetir la frase: "Yo soy amor".

Por favor, imagina que te estás mirando en un espejo de cuerpo entero. El tú que se refleja tiene una cinta de terciopelo negra atada alrededor del cuello y una segunda cinta de terciopelo negra atada alrededor de las caderas. Por favor, atraviesa el espejo y desata la cinta alrededor de tus caderas y luego desata la cinta alrededor de tu cuello. En tu mano tienes una espada encendida con la **llama azul zafiro** del árcángel Miguel. Coloca inmediatamente esta espada en cada cinta. Repite el ejercicio hasta que ambas cintas se hayan convertido en polvo blanco a tus pies. Imagina que barres el polvo fuera de la puerta usando una escoba hecha de luz dorada.

EL SECRETO

Una vez en un plano lejano existía un lugar llamado Cielo, tanto de día como de noche. Ángeles, humanos, estrellas y criaturas de todos los colores y tamaños caminaban juntos en paz y armonía.

Durante una gran explosión de sonido y luz, el Maestro Miedo llegó en una ráfaga de humo negro. Dijo al Cielo: "Soy en realidad un Ángel disfrazado y he venido a enseñarles lo que realmente es el Cielo". "Verán", nos dijo a todos, "si no experimentan la pérdida de la Unidad, entonces nunca podrán conocer verdaderamente la gracia del Cielo".

Luego el Maestro Miedo comenzó su trabajo de despojar al Cielo de su abundancia y todos comenzamos a sentir que nuestros cimientos se rompían bajo nuestros pies. Sin nada en lo que apoyarnos, sin nada en lo que confiar, asumimos nuestro mayor miedo, nuestro miedo al abandono. El abandono del amor y el apoyo de Madre y Padre Dios, el abandono del Cielo del plano de la Tierra, el abandono de las alas de amor y protección de los Ángeles son las mayores ilusiones del miedo.

El humo negro esparció una poción de sueño por el aire, el agua y la tierra. Todos se quedaron dormidos profundamente bajo mantas de ilusión. Los fuegos de energía sanadora de los Ángeles parecieron diluirse y volverse incongruentes. Parecía que la propia Madre Tierra había sucumbido a la muerte, ya que incluso sus habitantes la habían abandonado.

Humo es humo y es ahora el momento de disiparlo. Muchos eruditos hablan como si el humo fuera sólido, como si esta poción para dormir pudiera tener algún efecto permanente en ti. Despierta de tu sueño, abre los ojos y escúchanos con atención, porque vamos a decirte cómo despejarlo.

Estamos aquí para mostrarte que el Maestro Miedo es un Ángel disfrazado.

El hechizo del Maestro Miedo se rompe cuando recuerdas que el abandono es un producto de su imaginación. La única cura para el abandono es llenar completamente el **recipiente** humano con el Amor Divino de Madre y Padre Dios. Recibir amor desde afuera de tu propio ser, de otros humanos, posesiones terrenales o de búsquedas intelectuales, no sustituye al Amor Divino. Al Maestro Miedo le gustaría que creyeras que el amor solo puede venir desde afuera de ti mismo.

Revelamos el secreto: el Amor Divino viene de adentro, dentro de tu corazón donde vive la riqueza de tu Alma, la fuente infinita de Dios. Estamos aquí para mostrarte la manera angelical para abrir la fuente y llenar completamente tu ser con plenitud definitiva. En el proceso de permitirte recibir el Amor Divino, la mente, el cuerpo, las emociones y el espíritu del ser humano se desprenden gradualmente del miedo al abandono. A medida que la **evolución** continúa, la vida se vuelve más libre y alegre y, finalmente, tu realidad exterior se ve, se siente, huele y sabe a paraíso. Cuando tu recipiente está lleno y tu sed de amor completamente satisfecha, entonces, y solo entonces, puedes disfrutar plenamente de amar y recibir amor de otros humanos, de las posesiones terrenales y de las búsquedas intelectuales.

¿Eres capaz de imaginar tu mundo en el momento en que cada ser humano viva en esta realidad, la realidad del Cielo en la Tierra? ¿Cómo sería vivir en un mundo donde el miedo no existe? Estamos seguros de que te unirás a nuestra misión de cortar el cordón que te mantiene cautivo de la ilusión del Maestro Miedo.

PRIMER PASO: LLENAR EL RECIPIENTE CON AMOR DIVINO

Comenzamos. El primer paso se alterna con el segundo. Solo hay dos pasos para crear milagros. Te pediremos que repitas estos dos pasos hasta que cada ser humano esté despierto, sea libre y viva en paz y armonía. El proceso solo toma un momento. ¡Estamos seguros de que estás preparado!

 Llenado

Ve a tu cocina y coge una taza de la estantería. Sujétala con ambas manos. La esencia de Dios en ti ayudó a manifestar esta taza y es por eso que está en tu gabinete. Siente la taza y envíale amor. Permite que te represente como si fueras tú cuando eras un niño pequeño. Mira hacia tu corazón y siente su latido dentro de tu pecho. Escúchalo. Imagina que una luz **verde esmeralda** y dorada comienza a fluir desde tu corazón y ve cómo la luz del Amor Divino llena la taza que estás sosteniendo.

Ahora bebe el Amor Divino de la taza y deja que fluya hacia ti. Observa cómo la energía fluye hacia cada célula de todo tu cuerpo. Luego repite: "Yo soy Amor Divino".

Continúa bebiendo Amor Divino de tu taza; abre tu imaginación y visualiza la taza como el niño dentro de tu corazón. Envía Amor Divino a los demás en un arcoíris de colores y repite: "Yo soy el arcoíris de amor de Dios y te doy mi amor".

SEGUNDO PASO: DEJAR IR

El segundo paso es permitir que Dios, el Amor Divino, sea lo primero en tu vida cotidiana. Hemos descubierto que los humanos tienen las mejores intenciones de seguir el paso dos, pero luego este se pierde en el abandono de nuevo. Es el miedo al abandono el que te dice constantemente que pongas a los demás, sus responsabilidades, sus asuntos, problemas y preocupaciones por encima de los de tu propio corazón.

Te pedimos que pienses en este concepto por un momento y le preguntes a tu ser superior si esto se siente como una verdad.

Para dejar atrás el miedo al abandono y permitir que el Amor Divino sea lo primero, *es necesario que dejes ir a cada persona, a cada posesión y a cada situación o experiencia que tengas miedo de perder.* A esto lo llamamos tu viaje a través del infierno de tus apegos.

Una vez que hayas afrontado el miedo a perder aquello a lo que estás apegado, este desaparecerá y recuperarás aquella cosa, persona, situación o experiencia; o algo incluso mejor.

Los Doce Arcángeles te guían a través de tus apegos paso a paso. A menudo, no sabes a qué estás apegado hasta que el apego es eliminado. Los Ángeles somos parcas en el sentido de que nos llevamos tus miedos para que puedas experimentar los deseos de tu corazón y los sueños más milagrosos hechos realidad.

Te agradecemos que hayas elegido valientemente ayudarnos a reunir el Cielo y la Tierra.

Para dar el segundo paso, pídenos que te mostremos —con gentileza— a qué estás apegado por el miedo. Nuestra promesa es que, a medida que sueltes todo lo que tu ego te dice que debes controlar, el verdadero amor y la libertad eterna vendrán a ti. Te recordamos que el Maestro

Miedo es un Ángel disfrazado. Todo lo que Madre y Padre Dios requieren de ti es que enfrentes tus miedos porque el miedo le dice a tu mente que no crea que Dios suministra todo lo que necesitas para tu mayor bienestar y evolución. Tan pronto como descubras aquello que tienes miedo de perder, entrega ese miedo y entiende que, una vez que lo enfrentas, deja de existir.

He aquí un ejemplo de un miedo humano común: un día, descubres que tienes apego al dinero. Los Ángeles te tomarán de la mano y te apoyarán mientras atraviesas la experiencia de no tener dinero o, para ser más exactos, de no tener dinero cuando esperas tenerlo. Te ayudaremos a dejar de creer que debes tener dinero para sobrevivir y a demostrarte a ti mismo que no necesitas comprometer tu integridad para obtener dinero.

En el momento en que te entregues por completo, el dinero llegará. La experiencia completa puede durar un instante y, *cuando nos permitas ayudarte,* la experiencia de soltar el apego no requerirá esfuerzo ni dolor.

Dejar ir es un proceso y, a menudo, los apegos esconden otros apegos. Cuando pidas nuestra ayuda, te mostraremos cómo desprenderte de los apegos a la velocidad de la luz. Sigue respirando, cierra los ojos, mantente fuerte y repite el primer paso. Antes de que te des cuenta, tendrás más de lo que tu corazón jamás has soñado y, mejor aún, no tendrás miedo de perderlo.

 Dejar ir

Exhala, como si estuvieras soplando las velas de tu pastel de cumpleaños. Inspira, una buena y profunda respiración y di "aaah" al exhalar. Repite la inhalación, de manera suave y lenta y di "aaah" al exhalar.

Visualízate sosteniendo un libro. El libro se llama "Expectativas para mi futuro". Estás de pie en un puente con vista a un río sinuoso. El agua del río es de color blanco y dorado radiante. Tira el libro al río y di "Me entrego. Lo dejo ir".

Repite dejar caer el libro al río y decir, "Me entrego. Lo dejo ir", hasta que te sientas muy valiente.

Respira profundamente y salta al río.

Este es el río de la confianza. Es como ningún otro río. Sé los colores del río y siente cómo se mueve dentro de ti, mientras tú te mueves dentro de él. Repite: "Me entrego. Lo dejo ir".

Vuelve al primer paso y llena tu recipiente con el Amor Divino.

Seguir el primer y segundo paso hará que tu conciencia humana se expanda. A medida que llenas tu recipiente, se desborda con el Amor Divino, y con el Amor Divino viene el poder divino.

Si sigues nuestros dos pasos, te damos nuestra garantía del 100% de que pronto tendrás el Cielo a tu alrededor y sabrás que eres igual en poder de amor a un Arcángel.

Para que el Cielo regrese, ¡te necesitamos! Todos están llamados y cuantos más vengan, más rápido se hará la voluntad de Dios en la Tierra como en el Cielo.

Para saber lo que un Ángel sabe, ve y siente, y para realizar milagros de sanación como un Ángel puede hacerlo, sigue el paso uno y el paso dos.

Bendiciones y gracias a Dios por *ti*.

Libro 3

El poder de los Ángeles

Trabajando con la fuerza divina de los chakras

Los seres humanos tienen toda la magia que necesitan para hacer milagros en cada momento de su existencia en la Tierra. El poder milagroso de Madre y Padre Dios está disponible para ti a través de las baterías de energía espiritual que se encuentran dentro de tu **cuerpo espiritual**. Este es mucho más grande que tu cuerpo físico. Es tan grande que no puedes verlo todo con tus ojos humanos. Tu cuerpo espiritual está lleno de centros de energía o **chakras**. Algunos de estos chakras se encuentran dentro de los límites de tu cuerpo físico, así como por encima y por debajo de él. Cuando estos chakras están abiertos, todo este poder milagroso de Dios queda a tu disposición para que puedas facilitar los milagros.

Los milagros son regalos de la **gracia divina** de Madre y Padre Dios. Ocurren al momento y siempre que los necesites para alcanzar tu felicidad máxima y mayor bienestar. A medida que abres tu mente y te haces más consciente de lo que tus experiencias espirituales te están mostrando sobre tu ser divino, puedes empezar a descubrir que los milagros ocurren todo el tiempo. Los milagros requieren que confíes en el plan divino de Dios.

Cuando le pidas a Dios un milagro, debes saber que Dios siempre llega a su debido tiempo y a su manera. Los Ángeles se especializan en ver el panorama completo. Podemos ver cómo la manifestación de tu petición afecta a toda la humanidad. A menudo, estamos llamados a orquestar y sincronizar los milagros para que toda la Creación de Dios se beneficie de cada regalo de la gracia divina.

El poder de los Ángeles, la intención, las imágenes y las afirmaciones, se utilizan para abrir tu conciencia y percibir la increíble y asombrosa magia de Dios que ocurre para ti exactamente cuando más lo necesitas. Nuestro poder es útil para ayudar a los que amas *y* a los que no. Trabajar con el poder de los Ángeles sigue las leyes de Dios. Nuestro poder solo puede estar dirigido al alcance del mayor bienestar de todos. Te invitamos a trabajar con nuestras energías angelicales sanadoras y a usar tu imaginación para inventar nuevas formas de despertar a la humanidad. Cada ser humano tiene el mismo potencial para abrirse y recibir el amor infinito y la abundante riqueza del Universo. Todas las personas pueden vivir en paz, abundancia, buena salud y felicidad continua.

¡Nosotros, los Doce Arcángeles del Sol Central, te mostraremos cómo!

CONECTANDO CON EL PODER DE LOS ÁNGELES A TRAVÉS DE LOS CHAKRAS

Aprender a usar el poder de los Ángeles comienza con pedir nuestra ayuda. Trabajamos juntos para mantener tu vibración de manera que tu ser superior pueda abrir las bóvedas de las energías sanadoras contenidas en tus chakras. Los chakras pertenecen al cuerpo espiritual y puedes acceder a ellos viendo los colores. Tu trabajo es visualizar el color del chakra cuya vibración coincida con lo que necesitas. Ten en cuenta que te presentamos los chakras en el orden en que necesitas *abrirlos*. Este orden no es el típico que encontrarás en un libro sobre los chakras. Los Ángeles utilizan una variación de color ligeramente diferente a la que utilizan los maestros humanos. Nuestros colores funcionan como vibraciones *sanadoras* y por lo tanto pueden ser más suaves de lo esperado.

La lista que sigue es un resumen de los chakras y otros centros energéticos importantes, incluyendo su ubicación, colores y usos. A esta lista le siguen ejercicios guiados más profundos de imágenes. Observa si te sientes atraído por algún chakra específico y continúa explorándolo en los ejercicios.

1. **Chakra del tercer ojo.** También llamado "el ojo de Dios". Situado alrededor y en la zona de la frente, se extiende hasta la parte posterior de la cabeza y cubre la punta de las orejas. De color **fucsia con un centro índigo.** Este chakra es la fuente de energía para tu canal de intuición y conecta tu cuerpo espiritual con los pensamientos e imágenes conscientes de tu **cuerpo mental.**

2. **Chakra de la corona.** Situado en la parte superior de la cabeza. De color púrpura imperial (o un suave tono lavanda para bebés y niños pequeños). La energía sanadora conecta con tu ser superior; tu ser superior siempre permanece en el Cielo y gobierna los espacios creativos y espirituales dentro de tu mente. Es el hogar de la llama violeta de la transformación y el perdón.

3. **Chakra de la raíz.** Situado alrededor del coxis, en la base de la columna vertebral. De color rosa rubí claro. Es el hogar del **Espíritu Santo** de la Madre Divina. La energía sanadora del chakra de la raíz trabaja para limpiar las emociones negativas y bloqueadas, sanar las enfermedades físicas, y apoya la obtención de la abundancia del Universo.

4. **Chakra de la voluntad.** Situado en y alrededor de la garganta. De color azul zafiro. Es el hogar de la **llama del arcángel Miguel** de la verdad, el valor, la conciencia y la justicia. La energía sanadora del chakra de la voluntad es masculina y activa. Apoya la entrega del ego a la dirección del Alma.

5. **Chakra del corazón.** Situado en la zona del corazón, de color verde esmeralda, con un sonido puro y dulce que lo acompaña.

La energía sanadora del chakra del corazón trabaja para llenar la mente y el recipiente con amor incondicional.

6. **Llama o luz turquesa.** Es la combinación de los chakras del corazón y de la voluntad, de cualquier tono de turquesa o aguamarina, con destellos dorados. El poder angelical de la llama turquesa apoya soñar y la manifestación de las esperanzas y los sueños.

7. **Chakra del plexo solar.** Situado justo debajo de la caja torácica, se expande más allá del cuerpo físico. Luz brillante y dorada del sol. La energía sanadora de este chakra apoya la expresión positiva del poder personal, la confianza y la atracción de la atención positiva de los demás.

8. **Chakra del Alma.** Situado a la altura del ombligo, cubre los órganos reproductores. Ricos colores del atardecer, corales suaves y brillantes, naranja, rosa rubí (estos colores pueden recordar a la viva llama de una hoguera). El chakra del Alma es el receptáculo de la energía que llega desde el ser superior o SobreAlma. Es el hogar de la llama naranja coral de la creatividad, y la pasión, y es combustible para el poder de atracción del Alma.

9. **Fuego blanco.** Se origina fuera del recipiente humano, en tu SobreAlma. Para utilizar este poder angelical, usa tu intención y pídenos que pongamos lo que deseas proteger en un diamante de fuego blanco. Llamamos a esto el fuego angelical de protección y purificación.

El poder de los Ángeles es *muy poderoso*. Estas energías sanadoras facilitan el cambio a mejor. Cuando un ser humano es herido, el instinto natural es querer devolver el daño. El uso del poder de los Ángeles realmente eleva la vibración instintiva y de violencia a una alta vibración de acción positiva y correcta. Las auras se limpian al instante y, por lo general, el participante se siente en paz, con nueva claridad y perdón.

VISUALIZACIONES DEL PODER DE LOS ÁNGELES PARA LA TRANSFORMACIÓN Y LA SANACIÓN

Chakra del tercer ojo: intuición

El chakra del tercer ojo es la fuente de energía de tu canal de intuición, que conecta tu cuerpo espiritual con los pensamientos e imágenes conscientes de tu cuerpo mental. Cuanto más utilices el poder sanador de este chakra, más disponible y clara será la voz intuitiva para tu pensamiento consciente. Para este ejercicio, invita al Niño Divino, el niño dentro de tu corazón, a unirse a ti en la comunicación.

 Trabajando con la llama fucsia e índigo

Imagina que te colocas una lámpara de minero de color fucsia en la cabeza. La luz de la lámpara se sitúa en el centro de tu frente. Delante de ti aparece una cueva de color azul índigo intenso. Entra en la cueva y escucha los suaves sonidos de un arroyo que fluye. Pide a la diosa de la intuición que tome tus manos y te guíe hacia el interior de su hogar para poder encender las luces de la cueva. Repite: "Luz de mi verdad intuitiva, guíame para entender, ver, sentir y escuchar". Cuando las luces doradas y rosas se enciendan, pídele a la diosa que te ayude con cualquier decisión difícil que tengas que tomar. Asegúrate de darle las gracias.

Chakra de la corona: transformación y perdón

El **fuego violeta**, luz o energía transformadora del chakra de la corona, es responsable de limpiar tu cuerpo mental de la ansiedad y los pensamientos negativos o la baja vibración. El fuego violeta es extremadamente minucioso a la hora de borrar el miedo y cambiarlo por el amor. Estos son algunos métodos para activar y utilizar el fuego violeta.

Lluvia de fuego violeta para transformar los recuerdos dolorosos

El subconsciente retiene los recuerdos dolorosos como una esponja. El niño que llevas dentro lo sabe todo sobre estos recuerdos. Pídele que te muestre cualquier escena del pasado que necesite ser transformada en algo mucho más feliz.

> Cierra los ojos. Mírate a ti mismo y al niño herido que llevas dentro, de pie en un exuberante bosque tropical. Te rodean flores vibrantes de todos los colores. Suaves gotas de lluvia color violeta y dorado comienzan a caer sobre sus cabezas y forman un charco a sus pies. Llevas contigo fotos de momentos dolorosos de tu infancia. Déjalas caer en los charcos violetas y dorados y observa cómo las escenas cambian de dolorosas a tiernas. A medida que cambian, pasas de la angustia, a sentirte sin problemas. Deposita las penas y los miedos en los charcos de fuego violeta y repite: "Dejo ir el pasado y todo lo que me decepcionó. Me perdono a mí mismo y a todos los que me han hecho daño. ¡Soy libre para comenzar hoy mi nueva vida, llena de la abundancia del Cielo!".

 ## *Néctar de fuego violeta para la ansiedad*

El yo del ego puede sentirse fácilmente asustado o a la defensiva cuando se siente fuera de control. La ansiedad, una respuesta de pánico físico y emocional a la sensación de descontrol, necesita ser cortocircuitada para que puedas funcionar y tomar decisiones que te lleven a alcanzar tu mayor bienestar.

> Cierra los ojos e imagina que el aire que respiras es de un suave color lavanda. Continúa respirando el oxígeno puro de la lavanda y pídele al chamán de la selva tropical un poco de néctar de fuego violeta. El chamán de la selva vendrá y te ofrecerá una copa que parece

una gran flor violeta. Bebe el néctar violeta de la copa. Tendrá un sabor dulce y refrescante. Repite: "Gracias, paz, por haberme encontrado". Sigue respirando el aire de lavanda y repite: "Gracias, paz, por haberme encontrado", hasta que te sientas despejado y tranquilo.

 ## Renacimiento en el fuego violeta

El fuego violeta funciona espléndidamente para situaciones que requieren liberación, perdón y renacimiento.

Cierra los ojos. Visualízate vadeando en un río violeta que fluye suavemente. A tu lado hay un camello que lleva todo tu equipaje. Tu equipaje está lleno de dolor emocional, pérdidas del pasado y miedos relacionados con el futuro. En lo alto de tu equipaje está tu maletín que contiene toda la documentación de por qué necesitas aferrarte a tus resentimientos y a tu conciencia de víctima. Toma el pesado maletín de cargas y arrójalo al río violeta que fluye. Invita a tu camello a acompañarte. Descarga tu equipaje y envíalo río abajo. Repite: "Libero todas mis cargas, miedos y penas al fuego violeta de la transformación y el perdón". Toma un baño tranquilo en el río hasta que te disuelvas completamente en el color violeta y repite: "Ahora renazco a una vida nueva y mejor".

 ## Cascada de fuego violeta para la limpieza regular

Cierra los ojos y visualiza que estás bajo una cascada de fuego violeta. Respira lenta y profundamente y visualiza los comentarios negativos de tu mente como barro seco pegado a tu pelo y a tu piel. Lava los pensamientos negativos y los miedos en el agua de fuego violeta. Repite: "Me entrego. Elijo el amor", una y otra vez hasta que sientas alegría.

Piscina de fuego violeta para limpiar la negatividad

Nadar en una piscina llena de agua de fuego violeta es nutritivo y sanador para tu Alma humana. En esta **visualización** no tengas miedo si el agua de la piscina se vuelve oscura. El agua puede volverse oscura cuando has absorbido negatividad o miedo de otras personas o de un entorno (como un hospital, un restaurante o un lugar lleno de gente).

> Cierra los ojos y salta a una piscina de hermosa luz púrpura. Entiende que toda la negatividad que has absorbido está siendo transmutada y neutralizada. Mírate a ti mismo como una esponja e invita a tus **Ángeles Guardianes** a escurrir cualquier oscuridad. Expándete en el agua violeta de la luz y sal de la piscina, despejado, abierto y renovado.

Sombrero de fuego violeta para borrar las dudas y la confusión mental

Cuando visualices un sombrero de fuego violeta en tu cabeza, descubrirás que tus preocupaciones y dudas se borran de tus pensamientos conscientes. El sombrero funciona abriendo tu propio chakra de la corona y llenando tus células cerebrales con el Amor Divino de Dios en forma de Pensamiento Divino cristalino. Como no se puede pensar desde una posición de amor y miedo al mismo tiempo, el miedo se desvanece.

Este sombrero de Ángel funciona extremadamente bien para calmar el pensamiento obsesivo sobre el futuro. Recomendamos que los estudiantes usen el sombrero para todos los exámenes, presentaciones y entrevistas porque, cuando estás pensando claramente, puedes crear una experiencia de aprendizaje alegre. Llevar el sombrero ayuda a tu cerebro a abrirse para que puedas recuperar —del Universo o de tus propios bancos de memoria— lo que necesitas.

> Cierra los ojos. Mírate a ti mismo diseñando un elegante sombrero violeta para que te lo pongas. Puede ser alto o corto, elaborado o

sencillo. Asegúrate de que te cubra la frente y las orejas. Imagina que bailas con el sombrero para asegurarte de que se mantiene en la cabeza. ¡Centra tu imaginación en el color violeta!

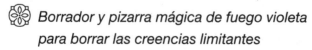

Borrador y pizarra mágica de fuego violeta para borrar las creencias limitantes

Dentro de tu subconsciente hay viejos conceptos y creencias sobre ti mismo, la humanidad y la realidad que necesitan ser transformados. Por ejemplo, tú o alguien de tu familia puede tener la creencia de que otros miembros de la familia están destinados a experimentar dificultades en la Tierra. Tal vez, debido a que tu madre murió de cáncer, tienes la creencia enterrada de que puedes ser diagnosticado con cáncer. A la mente le gusta establecer conexiones entre las experiencias del pasado y las expectativas para el futuro. La pizarra mágica de luz violeta trabaja para mostrarte cómo tus creencias subconscientes están manifestando problemas para ti hoy. La pizarra también trabaja para enseñarte cómo estas creencias están prediciendo eventos en el futuro.

Cuando escribes algo en esta pizarra mental, tu mente superior dibuja una ecuación para ti, conectando lo que crees que es verdad en tu subconsciente con la realidad que estás experimentando actualmente. Recuerda que tus pensamientos manifiestan tu realidad. Es muy útil borrar las creencias limitantes *antes* de que manifiesten una crisis en tu vida. Asimismo, si una crisis está ocurriendo en tu vida, escríbela en la pizarra mágica y observa cómo tu mente superior te muestra cuál creencia en tu subconsciente está manifestando dicha crisis. He aquí un ejemplo: digamos que estás experimentando una carencia financiera. Escribe esto en la pizarra de luz violeta. Verás que tu mente superior lo convierte en una ecuación donde la carencia es igual a la *indignidad.* Ahora, borra la ecuación: *carencia = indignidad,* y observa cómo tu mente superior te da una nueva creencia en tu mente. En nuestro ejemplo, verás: *abundancia = digno de amor.*

Respira profundamente y exhala. Hazlo tres veces. Escribe en la pizarra mágica algo que te esté haciendo sufrir. Pide a tu mente superior que complete la ecuación por ti. Borra la ecuación con un borrador de fuego violeta y repite: "Yo perdono". Tu mente superior te dará una nueva ecuación de creencias. Si esta creencia aún no es satisfactoria, repite el ejercicio. Ahora, escribe tu nombre en la pizarra mágica. Observa cómo tu mente superior rellena la ecuación de lo que esperas para ti en el futuro. Borra todo lo que no te guste. Tu mente superior continuará dándote una nueva creencia, en una vibración más alta, con cada nueva ecuación que borres de tu subconsciente. El objetivo de usar la pizarra mágica es lograr una ecuación como: *Vivir la vida en la Tierra = Vivir la vida en el Cielo*. Abre los ojos y declara tu nueva creencia a ti mismo.

Chakra de la raíz: amor incondicional y compasión de la Madre Divina

La **llama rubí** o Espíritu Santo es la energía de amor incondicional de la Madre Dios de pura emoción. Esta energía se te suministra desde tu chakra raíz, ubicado en la base de tu columna vertebral. Este centro de energía te conecta con la Madre Tierra para que puedas recibir todos los recursos materiales que necesitas para vivir en la Tierra en un cuerpo sano. Cuando este chakra está abierto y en pleno funcionamiento, el ser humano no tiene miedo al abandono.

Trabajar con el poder de los Ángeles del chakra raíz te permite despejar la emoción bloqueada, la inseguridad y la baja autoestima. El amor de Madre Dios es consolador y nutritivo. Su amor es esencial para la sanación del niño pequeño dentro de tu corazón. Trabajar con la llama rubí te aportará paz mental y relajación a tu cuerpo. El amor incondicional de Madre Dios fusionado con el abundante amor de la Madre Tierra crea una experiencia que puedes sentir con tu cuerpo físico, así como con tu cuerpo emocional y mental.

Remojo de sanación en la llama rubí

Respira profundamente y exhala lentamente. Repítelo hasta que te sientas tranquilo. Visualízate a ti mismo y al niño de tu corazón jugando alegremente en los manantiales minerales de rubí. Empápate de la rica luz rubí del amor de la Madre Divina y permite que todo tu estrés del día se desvanezca. Repite: "Estoy abierto a recibir todo lo que necesito del Universo. Me estoy llenando del amor de la Madre Divina".

 ### *Manta rosa rubí de los Ángeles para disipar la ira*

Las mantas de ángeles calman gentilmente hasta el temperamento más salvaje. Te invitamos a que te envuelvas a ti mismo, o a alguien que conozcas y que necesite afecto tranquilizador, en una manta de Ángel rosa rubí de amor incondicional.

Visualízate a ti mismo descansando tranquilamente bajo una suave manta rubí de luz. Por favor, respira el confort nutritivo de la energía. Repite: "Estoy a salvo y seguro".

 ### *Dragón de fuego rojo escarlata para liberar la ira*

Imagina que eres un gran dragón rojo. Siente la fuerza de tus poderosas garras y alas. Permítete sentir tu ira. Tu aliento de dragón está hecho de fuego violeta. Respira este fuego violeta sobre la situación que te hace sentir impotente y atrapado. Repite: "Transformo la energía de mi ira en claridad de propósito. Elijo cambiar mi realidad cambiándome a mí mismo".

 ### *Bebiendo de la copa del Amor Divino*

La copa del Amor Divino es un cuenco sagrado hecho de luz dorada que se llena con el amor de la Madre Divina, de color rosa rubí. Esta luz rubí vibra en una frecuencia especial, ya que comparte tanto el amor incondicional de la Madre Dios como el profundo poder de sanación del Amor Divino del Alma.

Si ayudas a sanar a otros, esperamos que traigas a tus pacientes a este santuario de sanación. Nunca debes temer que estés traspasando los límites de otros al visualizarlos en el Espíritu Santo. Si es para alcanzar su mayor bienestar, su propia SobreAlma escuchará tu petición y los llevará al santuario. Estás actuando como un mensajero desde un lugar de amor y compasión.

> Observa cualquier aspecto de ti mismo que esté herido, que haya sido abusado sexual o físicamente, sumergiéndose en la Gran Copa Dorada. A medida que te mueves a través de la luz, entiende que cada partícula de la energía de Dios que te conforma es limpiada y renovada. Cada átomo de tu cuerpo físico, cuerpo mental y **cuerpo emocional** es recreado y limpiado de todo el trauma que tu recipiente está listo para liberar. Bebe de la copa y visualiza la energía rubí llenando cada célula de tu cuerpo, restaurándote y sanándote de la pérdida del pasado.

 Cabalgando el Caballo Rojo del poder emocional para eliminar los bloqueos emocionales

La energía emocional de Madre Dios puede trabajar como dinamita para abrir los bloqueos que impiden que todo tu ser sienta tus sentimientos y comprenda lo que estos te dicen. Recuerda que los sentimientos son en realidad mensajes mentales que identifican dónde está bloqueada la energía emocional en tu recipiente. Cuando sea beneficioso para tu crecimiento saber cómo se crearon los bloqueos, lo recordarás. Si recordar no contribuye con tu mayor bienestar, el bloqueo se eliminará sin comprometer tu conciencia.

Montar un hermoso caballo escarlata, el "Caballo Rojo de la Emoción", es una experiencia de visualización extremadamente poderosa que tiene el potencial de liberar enormemente tu cuerpo emocional. La **ley divina** solo te permite visualizarte a ti mismo montando el Caballo Rojo, porque si tienes el deseo, entonces tu conciencia está lista. Esta no es una decisión que se te permite tomar por otro ser humano.

> Cierra tus ojos, respira profundamente y exhala lentamente hasta que te sientas centrado. Repite: "Estoy llamando al Caballo Rojo hacia mí ahora". Mírate a ti mismo subiendo al lomo del caballo. Agárrate fuerte y haz el sonido que quieras. El Caballo Rojo sabe para cuánto tiempo estás preparado. Cuando el paseo haya terminado te encontrarás totalmente despierto, presente y consciente de tu entorno.

◈◈◈

Chakra de la voluntad: verdad, valor y conciencia

El poder de la voluntad y la verdad de Dios provienen del centro de energía situado en la zona de la garganta. Cuando este centro de energía está abierto, tu conciencia está conectada con tu corazón y estás viviendo tu verdad más pura y comunicándola en pensamientos, palabras y acciones. La llama azul zafiro de la verdad le da a tu ego el coraje de entregar su libre albedrío a la más alta voluntad de Dios. Renunciar a la voluntad del ego te abre a conocer tu verdad real, a hablar desde tu centro de Dios y a actuar para alcanzar el mayor bienestar de todos.

Trabajar con el fuego del arcángel Miguel te ayuda a limpiar todos los momentos de tu vida en los que te has tragado tu fuerza de voluntad positiva y has reprimido hablar de tu verdad. ¡Únete a la voluntad de Dios y vive tu vida en la Tierra despierto y activo en lugar de pasivo y resistente! ¡La llama de la verdad del arcángel Miguel ilumina el camino hacia la autoexpresión superior y la libertad para todos los que tienen el valor de vivir su verdad!

 Ungido por la espada de la verdad del arcángel Miguel

Colocar la espada de Miguel de la voluntad de Dios en tu columna vertebral envía el mensaje a todo tu recipiente y a toda la Creación de Dios de que estás listo y dispuesto a recibir tu libertad y a experimentar tu mayor destino celestial aquí en la Tierra.

> Cierra los ojos y centra tu recipiente respirando profundamente y exhalando lentamente. Invita al arcángel Miguel a que coloque su espada de llama azul zafiro desde la parte superior de tu cabeza, a lo largo de tu columna vertebral, llenándola con luz azul zafiro. La luz de la voluntad de Dios se ancla en la tierra bajo tus pies. Repite: "Estoy dispuesto a conocer mi verdad, a ver mi verdad, a escuchar mi verdad, a hablar mi verdad y a vivir mi verdad de acuerdo con la voluntad de Dios para alcanzar la felicidad máxima y el bienestar de todos".

Flechas de fuego azul de la verdad para la adicción

Cuando un ser humano está luchando con la adicción, es la verdad la que lo hará libre. Todas las adicciones ocurren cuando los individuos están en negación de su verdadero poder y potencial. Esta negación puede ser una respuesta al sufrimiento emocional en la infancia o durante la vida. Cuando la realidad de la vida cotidiana es abrumadora, hay una opción mejor que volverse dependiente de una sustancia química o de una práctica insana. Te ofrecemos un método que puede ayudarte a ti, o a un ser querido, a liberarse de las mentiras que son la causa fundamental del comportamiento adictivo.

> *Para ti mismo:*
> Pídele al arcángel Miguel que lance una flecha de luz azul en tu cabeza y otra en tu corazón. Observa cómo la luz azul llena tu mente, luego observa cómo la luz azul llena tu corazón. Ahora, observa cómo llena y se expande por todo tu cuerpo. Cambia el color a dorado y ve cómo la luz dorada te llena. Repite: "Estoy

reclamando mi poder y viviendo mi verdad. Entrego mis elecciones pasadas a mi voluntad superior. Estoy eligiendo tomar decisiones saludables para mí y vivir una nueva vida". Estas palabras son un llamado al poder de tu SobreAlma para que te ayude a ver la verdad de Dios en tu vida.

Para otra persona:
Visualízate a ti mismo lanzando las flechas a su chakra de la raíz y del Alma, así como a su cabeza y corazón. Repite: "Pido la voluntad de Dios en acción. Le pido a tu SobreAlma que te libere de las mentiras que te atormentan".

Chakra del corazón: sanación y amor

Dar y recibir amor en equilibrio y armonía ayuda al niño herido dentro de tu corazón a sanar de cualquier concepto erróneo del pasado o de futuras desilusiones. Abrir el chakra del corazón es un proceso continuo y seguirá para siempre como un eterno latido de tambor. El corazón de Madre y Padre Dios late con el tuyo, expandiéndose, amando y creando. Has nacido con el potencial de compartir un gran amor con tus semejantes y ahora es el momento de alcanzar este potencial de dar y recibir amor. Cuando abres tu corazón, la humanidad se abre y el Amor Divino de Dios se derrama, fusionando el Cielo y la Tierra. Nunca se es demasiado viejo para aprender a recibir amor y siempre se es lo suficientemente joven para dar amor.

Descansando en el campo verde esmeralda del musgo

Para que tu corazón se abra a dar amor a ti mismo y a los demás, es esencial que recibas amor. La imagen del manto de luz verde del musgo te ayuda a experimentar la recepción del amor de la Madre Tierra unida al corazón central de Dios. Los seres humanos no pueden sobrevivir sin amor y necesitan recibir amor de la Madre Tierra para sentirse conectados con Dios y con su propio centro.

Imagínate a ti mismo descansando en un suave y dulce lecho de musgo verde esmeralda. El Cielo está despejado y soleado. La **luz blanca y dorada** del Amor Divino está fluyendo sobre y dentro de ti, llenando cada célula de tu cuerpo. Al mismo tiempo, estás recibiendo la luz verde del chakra del corazón de la Madre Tierra, fluyendo hacia tu espalda y también llenando cada célula de tu cuerpo. Repite: "Estoy recibiendo el amor del corazón verde esmeralda de sanación en todo mi recipiente".

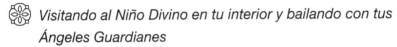
Visitando al Niño Divino en tu interior y bailando con tus Ángeles Guardianes

Tu chakra del corazón es el lugar interior donde puedes conectarte con el Cielo en cualquier momento.

Visualízate en un soleado bosque verde esmeralda y da la bienvenida a tu **Niño Divino** para que venga a decirte palabras de sabiduría. Este niño de tu corazón, que todo lo sabe, estará encantado de acercarte a tus Ángeles y juntos podrán resolver los problemas del mundo. El Niño Divino puede decirte dónde es necesario enviar amor y dónde necesitas permitir la gentileza en tus experiencias terrenales. Obsérvate a ti mismo y a este niño mágico bailando en el hermoso bosque. Invita a tus Ángeles a unirse a la diversión. Repite: "Estoy agradecido por mi Niño Divino y estoy agradecido por mis Ángeles".

Llama turquesa: los sueños se hacen realidad
El poder de los Ángeles de la llama o luz turquesa y la fusión de los chakras del corazón y de la voluntad son la energía manifestadora que ayuda a que los sueños se hagan realidad.

Visualización para trabajar con la llama turquesa
¿Hay un deseo que deseas manifestar? ¿Una meta que sueñas con

alcanzar? Colócalo en el color turquesa y luego invita a la energía turquesa, junto con la energía dorada del Amor Divino, a llenar cada célula de tu recipiente. Repite: "¡Doy gracias por mi éxito!".

Chakra del plexo solar: poder y confianza

El chakra del plexo solar está situado alrededor de la zona del estómago. Este centro de energía es el proveedor de tu poder personal y de la confianza en ti mismo. Cuando te "golpea" el miedo, la ansiedad o la negatividad, puedes sentirte mal del estómago o experimentar dolor y gases. El chakra del plexo solar explota y libera luz de poder amarilla y dorada cada vez que te sientes insultado, engañado, dado por sentado o criticado.

 ### *Recarga del plexo solar para sanar la falta de respeto*

Visualízate a ti mismo tragando orbes de luz solar central dorada. Ve cómo la energía va directamente a tu estómago. Expande la luz dorada, brillante como el sol, hasta que estés completamente lleno de la luz. Repite: "Permito que mis Ángeles me llenen de **respeto** y confianza. Elijo utilizar mi poder para el mayor bienestar de todos".

 ### *Recarga de energía de la SobreAlma*

La luz amarilla y dorada proviene de tu propia SobreAlma. Esta es la mejor energía para reconstruir tu fuerza después de mucho trabajo de cualquier tipo.

Imagínate descansando cómodamente en una hermosa playa dentro de una vasta esfera dorada de luz. Repite: "Soy uno con mi SobreAlma, mi ser superior". Visualízate dentro de esta bola de luz dorada flotando por un río amarillo hacia el mar blanco-oro del Amor Divino. Respira y relájate. ¡Disfruta!

Chakra del alma: energía creativa

El chakra del Alma es el centro de energía para tu energía sexual, energía creativa y el hogar de tu Alma en el recipiente humano. Este chakra está localizado en y alrededor del área de tu ombligo. La indignidad ataca este chakra con una atención despiadada, ya que aquí es donde existe el cordón umbilical entre la Tierra y el Cielo. Los Doce Arcángeles del Alma Central enfocan mucho amor y atención en el chakra del Alma de la humanidad.

 ### Limpieza de autoestima

Cuando el chakra del Alma está lleno de la distorsión del miedo, el ser humano puede sentir una profunda indignidad. Ninguna lista de logros puede aliviar el malestar de no sentirse lo suficientemente bueno.

> Visualízate a ti mismo y a todos tus Ángeles, incluyendo el **Ángel de la Naturaleza** de tu recipiente, ayudándote a aspirar todas las piezas rotas de tu autoestima con una aspiradora de fuego violeta. Utiliza la aspiradora para limpiar cualquier energía sexual distorsionada que pueda parecerse a un enjambre de serpientes o insectos. Aspira toda la oscuridad. Respira y sigue limpiando hasta que veas aparecer una suave **luz coral o naranja,** como una hermosa puesta de sol, que se expande hacia fuera. Repite: "Me doy las gracias a mí mismo, a mi Alma y a mis Ángeles por haber devuelto la valía y el amor propio a mi recipiente y a mi vida".

 ### Abriendo el tesoro de poder creativo del alma

> Imagina que estás junto a tu Niño Divino, Divinidad Femenina y Divinidad Masculina. Estás nadando en un mar coralino de luz. Inhala la luz y ve cómo llena el Universo. Un Ángel aparecerá y te entregará un pequeño cofre del tesoro. Ábrelo y lee lo que está escrito en el papel del interior. Esta es una idea creativa del tesoro de tu Alma, que te ha sido dada por tu SobreAlma, para crear algo maravilloso

para ti y para la humanidad. Repite: "Estoy agradecido por mi poder creativo. Me permito expresar este poder para alcanzar mi felicidad máxima y abundancia mayor".

Fuego blanco: purificación y protección

El fuego blanco, o la luz de tu chakra de la SobreAlma, crean un campo de energía protectora para ti cuando estás viajando a través de una intensa negatividad o encuentros estresantes con otros. Iluminar con esta luz las situaciones y los sueños en los que hay confusión puede aportar claridad instantánea. La luz blanca es la energía que purifica cualquier ilusión para que puedas ver la verdad de lo que realmente está sucediendo.

Con un poco de práctica, te sorprenderá lo que puedes descubrir trabajando con el poder angelical de la luz blanca.

Luz blanca para la interpretación de los sueños

Poner una escena de un sueño o una experiencia confusa de tu vida cotidiana en luz blanca puede mostrarte lo que necesitas aprender sobre lo que estás manifestando. La Tierra es el lugar donde los seres humanos identifican dónde quedan atrapados por las ilusiones del miedo. Al atravesar la ilusión, puedes transformar el miedo y manifestar una experiencia mucho más feliz.

Para una experiencia confusa:

Imagina que estás sentado en una sala de cine viendo la escena de un evento confuso de tu realidad diaria. Ve cómo la luz blanca inunda las imágenes de tu película de manera que todo lo que ves es fuego blanco. Presta atención a lo que ahora aparece en la pantalla de la película. ¿Qué verdad se te ha revelado? Si todavía estás confundido, pide a tus Ángeles que te ayuden a entender las nuevas imágenes. Exhala y relájate.

Para un sueño:

Inunda la escena de tu sueño con luz blanca. Observa qué cambia en la escena y cómo te hace sentir. Ilumina con la luz blanca a cualquier persona de tu sueño y pídele que te revele el aspecto de ti mismo que necesitas transformar. Llena este aspecto de ti mismo con luz violeta y repite: "Yo perdono y me transformo". ¿Hay un animal en tu sueño? Un animal representa un sentimiento fuerte. Habla con el animal y pregúntale: "¿Qué estoy sintiendo? ¿Qué deseo?". Continúa trabajando con la luz blanca hasta que comprendas completamente cada parte de tu sueño. Cuando te sientas completo, exhala profundamente, di: "aaah" y relájate.

El poder de los Ángeles funciona especialmente bien con tu intención de liberarte del miedo para que puedas experimentar tu **destino divino**. Juntos, usaremos el amor de Madre y Padre Dios para cambiar la realidad y lograr el mayor bienestar de todas las personas. Juntos, haremos un rápido progreso para unir el Cielo y la Tierra.

El poder de los Ángeles finalmente te ayudará a vivir en libertad. ¡Lo celebramos contigo!

Libro 4

Luz y oscuridad

¿Dónde comienza y termina la separación?

Madre y Padre Dios te crearon a ti, el recipiente humano, como un ser completo de espíritu, pensamiento, emoción y cuerpo. Cada recipiente está diseñado para vivir en completa Unidad con todos los demás recipientes y con toda la Creación de Madre y Padre Dios. Dentro del recipiente humano están los cuatro aspectos de Dios:

> Amor Divino/cuerpo espiritual
> Padre/cuerpo mental
> Madre/cuerpo emocional
> Creación/cuerpo físico

Cada aspecto o cuerpo del recipiente ha sido creado para ser inseparable del otro. Cuando los cuerpos están en equilibrio y anclados en el sonido y la luz de Dios, el recipiente, el ser humano, solo puede experimentar una realidad celestial, felicidad perfecta, paz, armonía y Unidad. Debido a que tu recipiente humano es uno con todos los demás recipientes humanos, cuando tus cuerpos están completamente equilibrados, creas una fuerza infinitamente poderosa de Amor Divino que atrae a todos los demás recipientes hacia el equilibrio.

El miedo crea una perturbación en el cuerpo mental, causando una percepción ilusoria de separación entre el cuerpo mental, emocional, físico y espiritual. Cuando tu cuerpo mental esté libre de miedo, tus cuatro cuerpos volverán a su estado natural de equilibrio. Al hacer esto continuamente, toda la humanidad recibe apoyo para volver a un estado divino de libertad y plenitud interior.

Nosotros, los Doce Reinos de Arcángeles del Sol Central, te invitamos a experimentar una integración de tu pensamiento y sentimiento, de tu mente con tu espíritu y cuerpo, como nunca has considerado posible aquí en la Tierra. Te pedimos que encuentres tu coraje y que sepas que, cuando eliges caminar a través de las ilusiones del miedo hacia el Amor Divino, abres puerta tras puerta para todos los que amas.

Te contaremos un misterio y esperamos que quizás seas tú quien acepte el milagro del coraje. En realidad, para traer al Cielo y la Tierra en unión divina, solo se necesita un recipiente humano. Necesitamos un ser humano lo suficientemente valiente para luchar por la libertad de toda su raza humana. Verás, brillante **Hijo de Dios**, el Maestro Miedo te ha engañado haciéndote creer que el viaje es imposible, que no tienes la fuerza o la voluntad para liberar a tu recipiente. Estamos conscientes de lo sabio que te estás volviendo y por eso te pedimos que camines junto a nosotros. Te guiaremos a tu hogar y nunca más te sentirás solo.

Comenzaremos describiéndote las diferentes partes del recipiente humano y te diremos cómo la separación entre el humano y Madre y Padre Dios se perpetúa con cada parte. Te enseñaremos cómo sanar la separación alcanzando cada vez más profundamente tu luz; a medida que te transformas y te haces uno con Dios conscientemente, ayudas a toda la humanidad a despertar al Cielo.

El Cielo es el hogar de Dios, y el hogar de Dios se encuentra dentro de tu amoroso corazón. Te damos las gracias por unir el Cielo y la Tierra. Te damos las gracias por crear milagros para ti y para los que amas.

EL CUERPO ESPIRITUAL

El cuerpo espiritual es tu **cuerpo de luz y sonido**. Este cuerpo energético contiene el Alma humana, que es la energía de Dios que existe
en la dimensión física de la Tierra, junto con la SobreAlma, la energía
de Dios que existe en las dimensiones del Cielo. Tal vez puedas imaginar tu cuerpo espiritual como el saco embrionario que rodea y nutre
todo tu recipiente. El saco te alimenta con la luz y el sonido de Dios a
medida que tu yo mental, emocional y físico se expande, evoluciona y se
reequilibra hacia un estado de Unidad.

El cuerpo espiritual te proporciona la energía de Dios a través de
los chakras, los centros de energía del recipiente humano (ver Libro 3).
Estos centros de energía suministran el Amor Divino a todas las partes
de tu cuerpo físico, así como también dan apoyo a tu cuerpo mental y
a tu cuerpo emocional. Dentro de los chakras está la memoria de todas
tus experiencias en la Tierra en esta vida o en cualquier vida, pasada
o futura, así como las vidas que estás viviendo simultáneamente, pero
en otros mundos del Universo. Tienes la capacidad de comunicarte con
tus chakras a través de tu intuición en todo momento. La intuición es
el canal entre tu cuerpo espiritual y tu cuerpo mental. El cuerpo de
sonido y luz te envía constantemente mensajes a través de los pensamientos sutiles de tu mente intuitiva. Estamos dispuestos a enseñarte
a escuchar la voz de tu intuición abriendo y transformando tu cuerpo
mental. Cuando la mente pensante esté despejada escucharás tus pensamientos intuitivos y sabrás que son la verdad de Dios.

EL CUERPO MENTAL

El cuerpo mental es tu mente pensante, toda la multitud de pensamientos que pasan por tu cerebro en un momento dado. Algunos
pensamientos captan tu atención y escuchas conscientemente su mensaje. Otros pensamientos van a la deriva y permanecen en un segundo
plano, tan silenciosos o enterrados que puedes perderte sus mensajes

por completo. Los pensamientos son mensajeros entre los cuerpos mental, espiritual, emocional y físico.

La mente es similar a una TV con la capacidad de recibir una variedad de estaciones o canales diferentes. Cuando la TV de la mente está encendida, puedes escuchar y ver el programa actual que pasa por tu conciencia. Puedes pensar que la TV es tu conciencia, los pensamientos a los que estás prestando atención. Tu TV mental puede tener muchos canales, pero el espectador suele ver un solo canal a la vez.

Para que puedas "sintonizar" tu ser físico, tu mente se dirige al canal del cuerpo físico en la TV. Cuando deseas comprender la profundidad de tus emociones, la mente selecciona el canal apropiado para tu cuerpo emocional. Un canal que requiere una recepción especial en la TV es el canal de la intuición, que transmite los programas de tu cuerpo espiritual. Los Ángeles utilizan el canal de la intuición para comunicarse contigo. A medida que te abras a recibir nuestro amor, te resultará más fácil sintonizar tu TV mental con tus pensamientos intuitivos. Los pensamientos intuitivos que provienen de tu cuerpo espiritual transmiten noticias e información que dan claridad y comprensión sobre tu cuerpo mental, emocional y físico, así como noticias relativas a otros seres humanos y a la Creación de Dios.

El pensamiento intuitivo es puro, simple y silencioso comparado con los pensamientos autoritarios de distracción del ego. Los Ángeles describen el ego humano como tu personalidad. El ego decide cómo te identificas en el mundo en relación con otras personas. Un ego libre e integrado delega la autoridad en la intuición. Cuando se produce esta gran unión entre conciencia e intuición, el humano sabe y confía en que es un hijo de Dios y digno de una libertad total.

Estamos aquí para ayudarte a guiar a tu ego de vuelta a un lugar de unidad con tu yo espiritual. Para hacer esto, necesitas transformar todos los pensamientos conscientes que envían el mensaje de que todavía estás separado o eres indigno. El miedo le dice al ego, a través de patrones de pensamientos conscientes y subconscientes, que crea solo lo práctico, lo racional y lo tangible.

Deseamos describir cuatro importantes patrones de pensamiento generados por el miedo que permiten al ego mantenerse alejado de tu yo espiritual y de la voz intuitiva. Estos patrones de pensamiento mantienen el miedo vivo en tu cuerpo mental, emocional y físico.

Querer. Los pensamientos de "deseo" te dicen constantemente lo que quieres y que no tienes en el tiempo y el espacio que tu ego exige.

Controlar. Los pensamientos de "control" sugieren qué acción debes forzar de ti mismo o de otra persona para conseguir lo que tu ego quiere, cuándo y dónde lo quiere.

Comparar. Los pensamientos "comparativos" te dicen que compares tus logros terrenales, tu belleza física, tu estado emocional y tu inteligencia mental con otros seres humanos. Los pensamientos comparativos ponen a tu ego en competencia con todos los demás egos.

Juzgar. Por último, están los pensamientos de "juicio". Estos pensamientos a menudo siguen a los pensamientos que comparan. Evalúan dónde te encuentras según la lista de normas y expectativas del ego para tu progreso en la vida.

Te mostraremos cómo transformar estos patrones de pensamiento, limpiando tu cuerpo mental con el Amor Divino de Madre y Padre Dios. Los patrones de pensamiento temerosos deben ser limpiados una y otra vez hasta que la mente ya no reaccione a ellos. A medida que los pensamientos conscientes son limpiados, los pensamientos y recuerdos subconscientes de tu pasado salen a la superficie y se limpian. Durante este proceso cíclico, el subconsciente profundo se transforma en un estado instintivo de confianza y unidad con toda la Creación de Dios.

El subconsciente profundo incluye conceptos por los que vives y de los que no tienes memoria; es simplemente lo que siempre has hecho y siempre has creído sobre ti mismo, la vida, tu mundo y tu relación con Dios. A medida que avanza la transformación de los patrones de pensamientos temerosos, la mente humana se desarrolla y comienza a creer que los milagros son posibles y el ego se integra con tu corazón. Cuando el ego y la voz intuitiva de tu corazón se convierten en una sola voz, tu conciencia estará siempre y para siempre sintonizada con tu verdad más pura. El amor y el poder de Dios se convierten en la mente subconsciente profunda y confiar en el plan de Dios pasa a ser una forma de vida.

Como cada mente humana está influenciada por todas las demás mentes, tu transformación está conectada a la transformación de todas las demás personas. A medida que tu mente se libera, ayudas a todos los seres humanos a liberarse de las ataduras de la esclavitud del Maestro Miedo. Estamos muy cerca del momento en que todas las mentes humanas se complementen y trabajen juntas de forma sinérgica. Tu ego integrado permitirá que el propósito de Dios para ti y todo lo que conoces se manifieste en la Tierra. Debes creer firmemente que mereces vivir en un mundo donde cada ser humano se sienta completamente satisfecho y trabaje en armonía con todas las criaturas vivientes.

Haz el siguiente ejercicio cuando tu mente se obsesione con el futuro o cuando los pensamientos negativos impregnen tu conciencia.

✿ Limpiar el cuerpo mental de patrones de pensamientos de deseo, control, comparación y juicio

Te pedimos que recuerdes que puedes cambiar las imágenes que describimos. Nuestras visualizaciones son todas metafóricas en el sentido de que todo el fuego angelical es una vibración pura de Amor Divino. Te encuentras sosteniendo la espada del arcángel Miguel de fuego azul zafiro. Esta es la luz de la verdad y la voluntad de Dios. Toma la espada y rápidamente corta tu cabeza en la base de tu cuello. Imagina que tu cabeza cae suavemente en una olla hirviendo de fuego violeta, la energía de Dios de la transformación y el perdón. Si lo prefieres, ponte debajo de una cascada de luz azul zafiro y luego de una cascada de luz violeta, alternando entre los dos colores hasta que tu mente esté abierta y despejada. Respira y repite: "Yo soy amor". Haz esto cuando tu mente se obsesione con el futuro o cuando los pensamientos negativos viajen por tu conciencia.

EL CUERPO EMOCIONAL

La emoción, cuando se le permite fluir libremente y con pureza, es el Espíritu Santo de la Madre Dios. El Espíritu Santo es el amor incondicional, la fuerza sanadora todopoderosa y la cura para todas las disfunciones humanas. Los sentimientos son mensajes generados por el cuerpo mental que identifican dónde la emoción está bloqueada o se mueve libremente dentro del recipiente. La felicidad es una manifestación de sentir al Espíritu Santo libremente dentro del ser humano. La tristeza, la culpa, la depresión, la soledad y la contención de la respiración son mensajes que te indican que debes despejar más la ira.

La ira es el bloqueo del Espíritu Santo. Cuando la mente identifica el sentimiento de ira, el recipiente respira y libera la ira, desbloqueando la fuerza de la emoción para abrir y sanar el corazón, la mente y el cuerpo. Los Ángeles ven la ira como un sentimiento de lo más positivo, ya que es el que puede mostrarte la puerta a la libertad. En el nivel primario, los seres humanos están enfadados porque Madre y Padre Dios los abandonaron. Limpiar la ira de tu recipiente abre el río del Amor Divino en tu corazón. El amor fluye en tu conciencia, pensamiento por pensamiento y experiencia por experiencia, transformando el miedo dondequiera que el amor lo encuentre.

Nos preguntas sobre el sentimiento llamado "miedo". Te decimos que los humanos pueden *pensar* en el miedo y puedes experimentar los resultados de este pensamiento; sin embargo, es imposible que experimentes el miedo como una emoción. Cuando la mente, ya sea en estado subconsciente profundo, subconsciente o consciente, libera o produce pensamientos de miedo, el corazón se cierra, el Espíritu Santo se bloquea y el cuerpo físico responde con alguna forma de trauma. Este choque puede sentirse en el cuerpo como entumecimiento, dolor o pánico. Cuando recuerdas con plena consciencia que nada en tu mundo puede crearte o destruirte, porque eres energía de Dios, te liberas del miedo.

Cuando te liberas del miedo el Espíritu Santo, el amor puro e incondicional de la Madre Dios, llena tu mundo interior y exterior y ya no es posible que tú y la familia humana experimenten el miedo. Escucha tus sentimientos desde tu centro con tu mente intuitiva, ya que estos pensamientos intuitivos te dirán dónde sigues bloqueando al Espíritu Santo. Abrir tu corazón y centrar tu mente permite que la emoción fluya. Permitirte sentir tu emoción, en silencio y en privado en tu propio espacio sagrado, te sanará completamente y te llevará de regreso a la Unidad.

 ### *Limpiando el cuerpo emocional*

Visualízate sentado en una habitación grande y redonda con las luces apagadas. Enciende las luces y busca cualquier imagen que te haga sentir incómodo. Hemos observado que muchos humanos encuentran monstruos, armas, nubes oscuras, personas moribundas, serpientes que sisean y alambres de púas en su espacio emocional. Visualiza una lluvia de fuego violeta brillante que se derrama desde el techo y se arremolina por toda la habitación. Mantén la imagen de la luz violeta hasta que veas, sientas o reconozcas el color blanco, dorado o rosa. Continúa hasta que las paredes redondas de la habitación hayan desaparecido por completo y te hayas convertido en la luz blanca, dorada o rosa del Amor Divino. Repite: "Yo soy libre. Yo soy Dios, plenamente humano, y yo soy humano, plenamente Dios".

EL CUERPO FÍSICO

El cuerpo físico es la esponja que absorbe el miedo del cuerpo mental. El cuerpo físico absorbe la emoción reprimida que, junto con el miedo mental, crean desequilibrio, dolor y enfermedad en el cuerpo físico. El físico suele ser el último cuerpo en sanar de los efectos del miedo. Los Ángeles tenemos cuerpos físicos hechos de luz y música. Es nuestro deseo ayudarte a recordar cómo transformarte para que tu energía pueda fluir y liberarse. Los atletas entienden cómo mover su **fuerza vital** libremente a través de sus cuerpos, para ser más flexibles, más rápidos y elegantes. Imagínate a ti mismo como un atleta respirando al Espíritu Santo para que la emoción se libere y despoje tu recipiente del miedo. Imagina a tu yo atleta pensando: "El amor es lo que yo soy".

Con un poco de práctica, cualquier humano puede ser tan libre como un Ángel. Tal vez naciste con un cuerpo físico que permanece rígido y lento para moverse. Cuando usas tu imaginación y tu emoción para ver, sentir y creer que tu cuerpo físico es libre, nos ayudas a liberar a toda la humanidad. Los humanos a menudo sienten que su cuerpo físico les retiene como una prisión. Nos preguntan: "¿Cómo puede caber mi esencia divina en este pequeño contenedor físico?". Te decimos cómo estirar y cómo abrir tu cuerpo físico para que la luz y el sonido de Dios te ayuden a volar expandiendo lo que parece ser compacto y denso. Tu cuerpo físico es el templo sagrado de Dios y el templo necesita ser cuidado de la misma forma en la que cuidarías la posesión material más costosa y preciosa que posees.

Recordar que tienes cuerpo físico no siempre es fácil para los seres humanos. A menudo vives en el futuro que tu cuerpo mental está imaginando para ti. Te invitamos a que pidas a tus propios Ángeles Guardianes y a tu propia voz intuitiva que te recuerden simplemente la casa en la que vives, tu cuerpo. Cuando recuerdes tu cuerpo, imagínate moviéndote y deja espacio en tu día a día para moverte. No es tan importante la forma en la que te mueves, si bailas, caminas, corres o nadas. Lo único que importa es que ayudes a la energía generada por tus chakras a moverse. Te recomendamos que lo hagas con el pensamiento, el sentimiento y la acción. El ser humano es un recipiente espiritual que contiene la energía de Dios en el pensamiento (el cuerpo mental), en la emoción (el cuerpo emocional) y en el movimiento y la forma (el cuerpo físico).

Expandiendo el templo sagrado de Dios

Visualiza cómo tu cuerpo físico se extiende a lo largo y a lo ancho. Respira profundamente y exhala lentamente. Imagina cómo estiras todas aquellas partes del cuerpo que se te ocurran; es como si te estuvieras mirando en diferentes espejos de circo, estirando y respirando. Ahora visualízate bailando y volando libremente en un espacio abierto lleno de luz verde esmeralda y luz coral. Puedes escalar una montaña, nadar a través del mar y correr más rápido que un antílope, puedes mover tu cuerpo en cualquier dirección que te plazca. Repite: "Yo soy divino, plenamente humano. Yo soy humano, plenamente divino".

LAS CLAVES PARA ALCANZAR LA UNIDAD DENTRO DEL RECIPIENTE HUMANO

La transformación y la integración constituyen un increíble viaje de evolución para el ser humano. Te pedimos que vivas con valentía y te mantengas centrado en tu proceso y progreso momento a momento. Cuando haces esto, el cuerpo mental se desprende gradualmente del tiempo y el humano se mueve a la velocidad de la luz en el camino a casa hacia la libertad total. Hay muchos maestros y sanadores disponibles para ti y te pedimos que sigas buscando al maestro y al sanador dentro de tu yo superior. El maestro es tu canal intuitivo que conecta tu cuerpo espiritual con tu pensamiento consciente. El sanador es la fuerza libre del Espíritu Santo llamada tu emoción.

La clave para crear la Unidad es querer conscientemente transformar cada uno de los pensamientos temerosos en todo tu cuerpo mental. A medida que transformas el miedo en tu yo mental, subconsciente profundo, subconsciente y consciente, debes querer limpiar el miedo de tu cuerpo emocional y físico también. Tu propia voluntad es todo lo que necesitas para liberarte. No te prometemos un camino fácil, pero te decimos que puede ser fluido, si así lo permites. Pensamiento a pensamiento, célula a célula, átomo a átomo, vibración a vibración, debes querer transformar el miedo que se esconde en tu recipiente, sabiendo que Dios está a cargo.

Tu propia SobreAlma está dirigiendo tu viaje a través de la gran escuela de la Tierra. Cuando pides a tus Ángeles que te muestren cómo cada experiencia en tu vida es para tu mayor bienestar, aprendes a tomar de nuevo la responsabilidad de tu vida y de tu creación. Cuando esto sucede, comienzas a ver a tu yo superior como el maestro de tu vida y todos los deseos de tu corazón comienzan a fluir en tu realidad, la realidad que estás creando conscientemente.

Te presentamos las claves de los Ángeles para la libertad humana. ¿Puedes lograr esta libertad en esta vida? Depende enteramente de ti y de lo dispuesto que estés a abrirte. Por favor, entiende que Dios te pide que estés dispuesto y que, estar dispuesto, no significa que camines solo en tu viaje. La voluntad es una intención de tu corazón. A veces, tu mente se cerrará de nuevo, pero se abrirá cuando elijas entregarte. Entregarte a Madre y Padre Dios es permitirte ver la verdad en lo que te está sucediendo; es negarse a creer que eres una víctima de las circunstancias y es el desarrollo de una gran tolerancia y paciencia para ti mismo por no aprender tan rápido como tu ego cree que deberías.

La libertad lleva más tiempo que un parpadeo o un chasquido de dedos. La libertad requiere que sanes la separación entre tú y tu SobreAlma, entre tú y Dios, capa por capa, de conceptos erróneos. Te recordamos que te has manifestado en muchos átomos, células, pensamientos, sentimientos y conceptos sobre lo que es real. Debes saber. Debes perdonar. Debes permitir que todo tu recipiente sea uno con Dios y el Universo de Dios.

Nosotros, los Doce Arcángeles del Alma Central, te presentamos:

Nuestras claves angelicales para la liberación del recipiente humano

1. *Estar dispuesto y decir a menudo:* "Yo me entrego a la voluntad de Dios".

2. *Estar dispuesto a asumir la responsabilidad de cada pensamiento, sentimiento y experiencia en tu vida, tanto alegre como doloroso. Te pedimos que repitas a menudo*: "Yo me entrego para alcanzar mi máxima felicidad y bienestar".

3. *Exigir ver el regalo en todas tus experiencias,* incluso en las más trágicas. Preguntar a tu canal intuitivo: "¿Qué me enseña esto?". "¿Cómo ayuda esto a que mi corazón se abra?". "¿Cómo contribuye esto a mi mayor bienestar?".

4. *Escuchar tu ira.* Tu ira te muestra dónde está bloqueado el Espíritu Santo, la fuerza divina de la emoción, dentro de ti. Te pedimos que repitas a menudo: "Yo estoy liberando y yo soy libre".

5. *Recordar que el tiempo es una ilusión que desea atraparte de nuevo en el miedo.* Los maestros y los seres humanos nunca retroceden en su camino de regreso a Dios. El viaje lleva el tiempo justo y te estás moviendo a la velocidad perfecta para tu recipiente.

6. *Pedir el milagro del equilibrio entre todos los cuerpos de tu recipiente.* Estar dispuesto a pedir ayuda para corregir el desequilibrio dondequiera que lo descubras. Siempre estamos disponibles y, cuando necesites ayuda terrenal, te asistiremos en la búsqueda de un sanador que pueda ayudarte en tu reequilibrio. Te pedimos que repitas: "Yo estoy dispuesto a experimentar el milagro del equilibrio".

Libro 5

Sanando las herídas

Aprendiendo a transformar tu karma

A menudo, se acusa a los Ángeles de no entender lo que se siente enfrentarse constantemente a lo que más se teme. En realidad, sí lo entendemos. El sufrimiento duele y la nostalgia trae más nostalgia. Estamos aquí, caminando contigo, levantando tu espíritu y susurrando: "Te amamos y sabemos que puedes hacerlo". Verás, nosotros también hemos sentido el dolor más profundo de la humanidad porque experimentamos todo lo que tú experimentas. Esta es la ley del uno, siempre y para siempre, somos uno contigo. Conocemos tus miedos y sabemos cómo mostrarte el camino a tu hogar, hacia la libertad plena y eterna. Sabemos que podemos ayudarte a ver el Cielo ante tus ojos, así como dentro de todos los que conoces.

Tu Tierra fue diseñada originalmente como una escuela donde las Almas podían venir a experimentar la separación de Dios. Las Almas ahora vienen a la Tierra para evolucionar más allá de esta ilusión, transformando la deuda kármica. **Karma** significa asunto inconcluso; es un resumen de todos tus pensamientos, sentimientos y acciones de todas tus vidas, en las que creíste que el miedo era más poderoso que el amor de Dios. Las deudas kármicas son todas las limitaciones, mentales, emocionales y físicas, que experimentas durante tu vida en la Tierra.

El Alma humana está hecha de energía, luz y sonido de Dios. La ley del karma requiere que tu Alma regrese a un lugar de Unidad con Dios. Con cada experiencia de miedo, dejas un poco de tu sonido y de tu luz y esta ley dice que debes traer todo tu sonido y luz de vuelta a tu hogar, a tu recipiente humano, transformando todo lo que sabes y todo lo que crees de ti mismo.

Limpiar tu deuda kármica requiere que integres tu ego y tu **sombra** con el centro de tu corazón y te liberes del apego a tus limitaciones.

Si viniste al mundo con defectos físicos de nacimiento, todo lo que se te pide es que vayas más allá de ellos para que no se interpongan en tu servicio a la humanidad. Cuando hagas esto, o bien los defectos desaparecerán completamente mientras estés en la Tierra, o tu SobreAlma te llamará a tu hogar, al Cielo. Cuando vuelvas a la Tierra, no tendrás defectos físicos. Un día, los seres humanos tendrán todos sus poderes de transformación del cuerpo físico restaurados. Serán capaces de reparar sus defectos físicos instantáneamente, una vez que la deuda kármica sea pagada. Esto será una alegre señal de que el Cielo y la Tierra son uno.

En cada encarnación, regresas a la Tierra con un nuevo comienzo, una oportunidad para completar todo lo que necesitas. En cada vida, nos encargamos de señalarte partes de tu Alma que necesitan volver a su hogar. No es necesario que recuerdes tus vidas pasadas. Tu SobreAlma diseña cualquier lección kármica que necesites completar en esta vida. Si en una vida pasada, por ejemplo, vendiste a tu familia a la esclavitud, experimentarás las sensaciones emocionales, mentales y físicas de la separación y el abandono. Tendrás la oportunidad de perdonarte a ti mismo y aprender, desde la perspectiva humana, que la separación y el abandono son ilusiones.

Muchas Almas valientes han regresado a la Tierra, a pesar de haber completado todas sus lecciones kármicas. Estos seres antiguos tienen la memoria y la capacidad de moverse a través del karma, transformándolo dentro de sí mismos, con el propósito de elevar la conciencia de las masas. Sí, estas Almas ya han experimentado la Unidad en la Tierra y aun así han regresado. Pueden o no tener el conocimiento de que su karma en esta vida, sus experiencias de separación de Dios, no es creado por ellos mismos. El karma es como una hermosa música, tocada con todos los instrumentos desafinados.

Los seres antiguos regresaron alegremente a la Tierra para ayudar a afinar estos instrumentos, aunque las vidas que viven están a menudo llenas de desafíos y cambios. ¿Cómo pueden los seres humanos tener compasión por el sufrimiento de los demás si no experimentan el daño, la violación, la destrucción y la ilusión del miedo ellos mismos? A medida que estas Almas recuerdan cómo llevar el amor a cada pensamiento, sentimiento y acción de su vida cotidiana, el karma se transforma y la vocación de sus Almas de ayudar a la humanidad tiene éxito.

Esperamos que cada uno de ustedes crea que está entre estas Almas valientes. Los seres humanos tienen el potencial de transformar toda la separación dentro de sí mismos y completar el servicio que han vuelto a hacer. Afinar los instrumentos es un trabajo delicado que requiere un muy buen oído y sentido de la verdad.

El karma devuelve lo que recibe y, en estos tiempos, actúa bastante rápido. Se te *presentarán* las consecuencias de tus elecciones, basadas en el miedo y hechas con el ego, casi instantáneamente. El miedo te ha adormecido y ha fomentado la procrastinación a la hora de afrontar tus lecciones kármicas. ¡No más! Los Doce Arcángeles y el profesorado de la escuela de la Tierra exigen que hagas tus propios deberes y que los hagas ahora. La humanidad está sufriendo mucho y la necesidad de recordar que somos hijos de Dios es imperativa. El karma no es más que una ilusión, un extraordinario conjunto de guiones escritos para ustedes y por ustedes para mostrarles dónde vive todavía la separación y la negación de la fuerza de Dios. Transformar incluso las vidas más diabólicas y crueles puede ser logrado sin esfuerzo cuando tienes la disposición de hacerlo. La transformación requiere amor, servicio y la liberación de tu corazón.

Enfócate en esta vida, porque esta vida es la clave para todas las vidas pasadas y todas las vidas futuras. Afina tus instrumentos para esta vida y toda la música que compongas y toques será encantadora, sanadora y perfecta. Esta vida es todo lo que necesitas entender. Transforma todas sus experiencias temerosas, simplemente las que recuerdes funcionarán muy bien, y *no tendrás ninguna deuda kármica, ningún asunto inconcluso que atender.*

Existe una sola excepción a lo anterior. A medida que te liberes, tu corazón anhelará naturalmente ayudar a otros a liberarse. A esto lo llamamos "karma elevado", en el que tu servicio a Dios facilita la liberación de la humanidad y la creación de la Unidad en la Tierra. ¡Estamos encantados de asistir al concierto de todos los instrumentos tocando en sintonía, en perfecta armonía unos con otros!

¿Entonces, si todo tu trabajo está hecho, será el momento para morir y dejar la Tierra? Te decimos que este es el momento de jugar y celebrar. Siéntate, relájate y observa cómo el Cielo y la Tierra se fusionan y vuelven a ser uno para siempre.

 ## *Recorriendo el camino del karma del perdón*

Por favor, respira lenta y profundamente y coloca ambas manos sobre tu corazón. Mantén tus manos allí e imagina que una puerta se abre a tu izquierda. Cuando te paras en la puerta, descubres que una gran llama violeta aparece a tu lado. A medida que avanzas la llama se mueve contigo. El camino que tienes por delante parece rocoso, con colinas y valles que atravesar. Justo delante de ti, pero a lo lejos, hay una cabaña rodeada de árboles increíblemente hermosos. Mientras caminas hacia la cabaña, los remordimientos de tu pasado y los miedos de tu presente aparecerán en tu mente. Coloca cada uno de ellos en la llama violeta que está a tu lado. El Ángel del Consuelo y el Ángel del Perdón te saludarán cuando llegues a su cabaña. Asegúrate de que la llama violeta permanezca a tu lado, respira y confía.

PERDONANDO ESTA VIDA

Algunos experimentan a los aliados del Maestro Miedo: el abandono emocional y/o físico, negligencia y abuso en el momento de la concepción. Otros pueden experimentar la separación más tarde, en la infancia, la niñez o la adolescencia. ¿Por qué la separación de Madre y Padre Dios ocurre cuando el humano es tan joven? El Alma entra en el ser humano en el momento de la concepción, yendo y viniendo hasta que el bebé está listo para nacer. A veces, el Alma cambia de opinión y decide venir en un momento posterior. Bien suceda esto por un aborto natural, por la elección de la madre de interrumpir su embarazo o por una muerte prematura, el **orden divino** y la voluntad de Dios siguen estando al mando.

Los padres y la nueva Alma encarnada han aceptado esta experiencia y esperamos que todos los implicados vean su regreso como una oportunidad de crecimiento y perdón. Cada nacimiento de un ser humano ocurre porque la SobreAlma ha decidido encarnar, para enviar la luz y el sonido de Dios a la Tierra, para aprender y facilitar la Unidad.

La muerte y el nacimiento nunca son errores o accidentes. El Alma siempre sabe exactamente lo que necesita experimentar. Probar, tocar, sentir, oler y conocer al Maestro Miedo es un regalo que el Alma recién encarnada acepta dar a la humanidad para la expansión y evolución de Dios. La recompensa por transformar el miedo en amor es permitir que tu recipiente experimente el perdón y el amor eterno.

El corazón de tu Alma es inmune al miedo. En tu corazón encontrarás el amor eterno en el rostro y la esencia del Niño Divino dentro. El Niño Divino es una metáfora de la fuente del Amor Divino y la clave para perdonar toda la deuda kármica de esta y de todas las vidas, pasadas y futuras. Este **niño dentro** de tu corazón tiene tu rostro y guarda todos los recuerdos de tu vida desde el momento de la concepción y todo el conocimiento de todas las experiencias hasta tu salida de la Tierra. La luz y el sonido son lo que este Niño Divino es y lo que está aquí para traerte. El abandono, la pena, la indignidad y todas las demás manifestaciones de separación de Madre y Padre Dios y de la Creación de Dios cubren a este Niño del Amor Divino en una vibración densa, nublada y confusa. La cobertura es lo que muchos de sus estudiosos denominan el **niño interior**.

Te presentamos cómo puedes elevar delicada, suave y compasivamente la vibración de separación perteneciente al niño interior a la vibración gloriosa, alegre y libre del Niño Divino.

Primero, necesitamos que reconozcas que tienes un niño interior, un reconocimiento de que tú también has experimentado sentirte abandonado por Dios en algún momento de tu infancia o adolescencia. Te pedimos que no compares tu infancia con la de otros. Todos son iguales a los ojos de Madre y Padre Dios. La separación es una ilusión. El abandono es una ilusión, al igual que el sufrimiento físico, mental y emocional. Esto no significa que no hayas sufrido realmente experiencias trágicas y difíciles. Significa que la ilusión no es la realidad de Dios y por lo tanto es fácil de transformar. Experimentarás, conocerás y comprenderás. A medida que el proceso continúe, todos los recuerdos dolorosos y vergonzosos de la infancia dejarán de tener una carga (efecto) emocional o mental angustiosa en tu vida. Los recuerdos parecerán una vieja película que no tiene ningún significado para lo que eres y en lo que te estás convirtiendo.

Segundo, necesitamos que practiques el milagro del perdón y que estés dispuesto a recordar cómo tratar a tu yo humano como Madre y Padre Dios trata a tu Alma entre cada encarnación en la Tierra. Así como tienes al Niño Divino viviendo dentro del centro de tu corazón, también tienes una Madre Divina y un Padre Divino. Tu Madre y Padre Divinos son aspectos o rostros de tu propia SobreAlma y con ellos también puedes comunicarte a voluntad. Al abrazar al niño interior, tu corazón abre la puerta entre la Tierra y el Cielo. Camina con nosotros a través de esta puerta, tu Madre y Padre te recibirán y cuidarán de ti. Eres su único Hijo.

Esperamos que participes en la clase de reeducación de los Doce

Arcángeles del Alma Central. Ten la intención de sanar completamente y vivir en la Tierra como lo haces en el Cielo. Te ayudaremos a descubrir al Hijo de Dios, quien te permitirá conocer más de ti, tu Madre y Padre Divinos. Queda un último paso: conocer al Ángel de la Naturaleza que te da la fuerza vital o **chi** en la manifestación física. Unidos una vez más, la Madre Dios con el Padre Dios, con el Amor Divino y la Creación permiten a tu yo humano recordar tu propio valor infinito. Conocer a tu familia interior abre la puerta a conectar con toda la familia de Dios que vive en tu mágico planeta.

COMENZANDO DE NUEVO:
EL RENACIMIENTO

¿Cómo sería tu vida si pudieras empezarla de nuevo, concebida en el amor incondicional, nacida y criada en el amor? ¿Cómo se sentiría la vida si nunca hubieras estado expuesto a la ilusión del miedo de estar separado de Madre y Padre Dios?

Comenzaremos mostrándote cómo recuperar el sonido y la luz de tu Alma perdidos durante la concepción, la gestación y el nacimiento. Eres bienvenido a abrir tu corazón y voluntad para realizar la visualización por tus padres, así como por tus hermanos e hijos. Te damos las gracias por ayudarnos a renacer a la humanidad en el amor incondicional total y completo.

Eres bienvenido a hacer esta visualización una y otra vez y llenar tu comienzo con más Amor Divino. Cada vez que utilices tu voluntad e intención para reconectar con el Amor Divino al comienzo de esta encarnación, te prometemos que experimentarás una mayor libertad y movilidad en tu vida cotidiana. Cada vez que eliminas la idea errónea de que el miedo puede influir en cómo vives, quién eres y en qué crees, borras los efectos de la negatividad del miedo de tu código genético. A medida que el código genético cambia, vuelves a tener una confianza, celular e inconsciente, de que Madre y Padre Dios te apoyan totalmente. Cuando el subconsciente profundo confía, el subconsciente y el consciente le siguen, el amor llena tus pensamientos, y la bondad amorosa se convierte en tu comportamiento natural.

 ## Renacimiento

Cierra los ojos, inhala suave y profundamente, relajado. Y exhala completamente. Repite: "Yo soy uno con Madre y Padre Dios".

Permite que tus manos se conviertan en las de Dios y respira.

Abre tus manos y permite que los chakras en el centro de tus palmas se relajen. Se abrirán y comenzarán a pulsar con el Amor Divino. Junta tus dedos para que tus manos formen una cesta.

En tus manos unidas, colocamos dos células de luz y sonido, una femenina y otra masculina.

Ama a estas dos células, respira y repite: "Yo soy uno con Madre y Padre Dios". Observa cómo estas dos células se conectan entre sí.

Mira cómo las células se multiplican, añadiendo más células y volviéndose más brillantes. Observa cómo crecen la luz y el sonido en ellas. Sigue amando estas células preciadas de la energía de Dios. En estas células que se multiplican viene una luz blanca y dorada brillante, tu Alma humana. Respira y siente cómo tus manos pulsan con amor.

El conjunto de células y el Alma se unen y se convierten en un solo cuerpo. Sostén esta vida en tus manos, unidas a las de Dios.

Siente cómo el feto divino crece en tus manos. Respira y ámalo. El feto divino se alimenta del Amor Divino que pulsa desde tus manos y desarrolla en una expresión perfecta de la Creación de Dios.

En el momento en que sientas que tu bebé divino está listo para nacer, toma tus manos sosteniendo al infante de Dios y da a luz a tu nuevo yo en tu corazón. Tu corazón, unido plenamente al corazón de Dios, recibe a tu bebé divino con *alegría*. Siente cómo esta nueva vida divina te llena y te rehace.

Coloca tus manos sobre tu corazón y repite: "Somos uno con Madre y Padre Dios. Yo he nacido de nuevo en el puro y total Amor Divino".

Siente que tus Ángeles Guardianes te sostienen, te aman y te sanan.

Somos uno.

EL PERDÓN:
TRANSFORMAR EL PASADO, CAPA A CAPA

Dentro de cada ser humano hay un niño inocente, el niño que confía en que su Alma es realmente inmortal y en que Madre y Padre Dios son verdaderos y amorosos.

Capa tras capa de separación entre tú y la Unidad con Dios y su Creación ha sido depositada en tu poderosa Alma. El niño inocente dentro de tu corazón, el niño que tal vez ni siquiera recuerdes, comienza a perderse en la lucha por encontrar un lugar en la vida en la Tierra. Poco a poco, el caos exterior del mundo visible y tangible se impone y la vida se convierte en una reacción tras otra.

Cuando tu Alma eligió a tu familia terrestre, aceptaste llevar sus capas de separación, así como las creadas a partir de tus propias experiencias. Tanto si se trata de tu familia biológica como de tu familia adoptiva, estuviste de acuerdo en creer en muchos de los conceptos de la familia sobre cómo funciona el mundo y cómo se espera que tú funciones en él. Incluso antes de nacer, aceptaste la programación de tu familia para el cuidado de tu cuerpo físico, mental y emocional y aceptaste transformar toda la negligencia, la negación y el miedo que contribuyen a esta programación.

La vida, desde el momento de tu nacimiento, te ha estado mostrando lo que crees sobre ti mismo y cómo necesitas cambiar estas limitaciones y liberar tu Alma de nuevo. Cuando haces esto por ti mismo, también liberas a tu familia de origen.

El proceso de transformación se completa cuando ya no vives en tu pasado ni te apegas y reaccionas a ninguna experiencia de tu presente.

Te invitamos a que observes todas las situaciones ante las que te encuentres reaccionando y te preguntes: "¿Esto me resulta familiar? ¿He estado aquí antes?". Te pedimos que te remontes a tu infancia, tan lejos como puedas ir y tan profundo como tu psique te lo permita. Lejos y profundo, aquí es donde liberas, transformas y perdonas.

Las memorias subconscientes, las memorias de tu pasado, saldrán a la superficie de tu conciencia y en este punto puedes visualizar los colores de tus chakras y trabajar con la energía de los Ángeles para liberar al niño de tu corazón. A medida que el subconsciente se despeja, las memorias celulares muy profundas del subconsciente suben al mismo y pueden empezar a aparecer en tus sueños. Con continua delicadeza y paciencia estos recuerdos celulares saldrán a la superficie de tu conciencia, así que de nuevo puedes visualizar los colores de tus chakras y trabajar con nuestro poder para limpiar cada capa de separación entre tú y Dios.

Te pedimos que repitas a menudo: "Yo soy uno con Dios".

Ofrecemos tanto una visualización para aquellos que disfrutan de su imaginación como un ejercicio físico/emocional tanto como para aquellos que prefieren trabajar con el sentimiento y para quienes la visualización de imágenes es difícil. Para trabajar con el poder de los Ángeles no se requiere una visión interna, solo la intención de sanación y de liberar tu recipiente del miedo. ¡Debes saber que estás trabajando con la energía de Dios en la forma exacta para alcanzar tu mayor bienestar!

✿ Liberando al Hijo de Dios

Respira profundamente y exhala lentamente. Repítelo hasta que te sientas en paz. Cierra los ojos e imagina que entras en tu chakra del corazón. Este santuario es verde esmeralda y está abierto. Repite: "Me estoy abriendo". Busca en este espacio sagrado a tu niño pequeño. ¿Está tu niño escondido y herido? ¿Está listo para abrazarte?

Con toda tu voluntad, envía amor a tu niño y pide perdón. Baña a tu niño con gotas de lluvia de fuego violeta para comenzar a lavar la separación entre ustedes.

Pídele a este niño que te traiga todos los rostros heridos de todo tu pasado, incluyendo encarnaciones pasadas y rostros adultos heridos de esta vida. Trae estos rostros tuyos a tu corazón. Llena cada uno con luz violeta y repite: "Somos uno con Dios. Yo estoy en mi hogar de nuevo".

Permite que el Hijo de Dios sea el guía de tu vida y comienza a viajar a tu pasado. Con cada escena que aparezca en tu pantalla mental, lanza una bola de fuego violeta y repite: "Estoy liberando, estoy transformando, estoy perdonando". Imagina que están juntos bajo una cascada de sanación en un arcoíris con todos los colores de los chakras.

Pide a tus Ángeles Guardianes (sí, tienes más de un Ángel Guardián) que te muestren dónde le entregaste el poder al miedo en esta vida. Reclama tu poder de cuando eras un niño, un adolescente, un joven adulto y un adulto. Siente la verdad interior: *eres* uno con Dios.

Pide a tu niño que te muestre dónde aprendiste a devaluar tu yo humano y compraste la ilusión del miedo de que los humanos son menos que Dios. Repite a menudo: "Soy libre, soy Dios, plenamente humano y soy humano, plenamente Dios".

Ten en cuenta que eres merecedor de comodidad, seguridad, afecto, abundancia y felicidad. Te agradecemos por recordar tu valía y reclamar lo que es tuyo.

Al transformar tu pasado, transformas tu futuro, porque eres el creador de tu realidad. Sé valiente y transforma la vieja programación en tu nombre y en el de la raza humana. Mereces vivir la vida en la Tierra como lo haces en el Cielo.

El Niño Divino es libre cuando recuerdas con cada pensamiento, sentimiento y movimiento físico permitir que tu corazón te guíe y te devuelva a un lugar de confianza inocente.

Cada experiencia dolorosa es un regalo milagroso para mostrarte dónde la vieja programación está todavía inhibiendo tu libertad. ¡Lucha por tu vida! Recuerda, muchas Almas valientes han regresado para liberar a la humanidad para que todos puedan vivir libremente, para que todos puedan vivir en Unidad con la Creación de Dios.

Te invitamos a probar todos los ejercicios para conectar con tu corazón y sanar la separación entre tú y Dios. ¡Esperamos que encuentres nuestros ejercicios tan agradables que los hagas una y otra vez y crees otros nuevos dedicados exclusivamente al hermoso niño dentro de tu corazón!

Se recomienda hacer ejercicios al aire libre, en la naturaleza o con música.

 ### *Bailando con tu corazón*

Si tienes un lugar sagrado al aire libre, te invitamos a ir a ese lugar, quitarte los zapatos y empezar a caminar en círculo.

Tu círculo tiene un punto de partida, camina sobre él. Siente el suelo bajo tus pies como si lo hicieras por primera vez.

Camina más rápido hasta que estés bailando, moviendo los brazos en todas las direcciones sin ningún propósito ni agenda. Mira el paisaje que te rodea como si lo vieras por primera vez.

Cántale al niño que llevas dentro.

 ### *Ejercicio para espacios cerrados*

Pon tu música favorita tan alta como te resulte cómodo. Es importante que sientas la vibración del sonido.

Túmbate, estírate y envía amor a cualquier lugar tenso o doloroso. Comienza a balancear tu cuerpo, abrázate a ti mismo y luego coloca tus manos en tu corazón. Balancéate tan rápido como puedas y emite cualquier sonido o palabra que te llegue.

Respira y levántate, estírate y muévete.

Muévete como si acabaras de salir de un sarcófago.

Párate bajo una luz cálida y brillante e imagina que estás de pie bajo la luz del sol. Siente el sonido y el calor de la luz como si lo hicieras por primera vez. Repite: "Te amo". Una y otra vez.

INVITAR A LA DIVINIDAD MASCULINA Y A LA DIVINIDAD FEMENINA

Para ayudarte a sanar la separación entre el Cielo y la Tierra dentro de tu recipiente humano, te recomendamos que invites a tu Madre Divina y a tu Padre Divino a entrar en tu conciencia. Ellos te enseñan cómo criar a tu yo humano con amor y apoyo total, a tiempo completo e incondicionalmente.

El chakra del corazón es una puerta entre la Tierra y el Cielo. Cuando atraviesas esta puerta con tu intención, puedes conectar con la energía masculina y femenina de tu SobreAlma. A medida que te abres a la energía de tu Divinidad Masculina, la vibración de tus pensamientos empieza a cambiar, de estar basada en el miedo a estar basada en el amor.

Conectar con tu Divinidad Femenina te ayudará a desbloquear la emoción en tu recipiente para que puedas nutrirte con el Espíritu Santo y, a su vez, nutrir tu cuerpo físico, tu cuerpo mental y tu cuerpo emocional.

Tu SobreAlma es tu guía espiritual más clara para el viaje de regreso a tu hogar. Pide ver (usando tu chakra del tercer ojo/visión interior) a tu Madre Divina y a tu Padre Divino. Ellos se comunicarán contigo a través del pensamiento intuitivo y la sensación física. Pueden ayudarte a saber cuándo te estás saboteando a ti mismo o descuidando al niño dentro de tu corazón. Cuanto más te abras a tu Divinidad Masculina y a tu Divinidad Femenina, más rápido limpiarás las viejas capas de la programación del miedo y más fácil será tu evolución en la Tierra.

Un paso importante de sanación para atraer la energía todo amor, todo poder y todo conocimiento de tu Divinidad Masculina y tu Divinidad Femenina es limpiar la vieja energía negativa masculina y femenina que causa desequilibrio en tu recipiente.

Limpiando la vieja energía masculina y femenina negativa

Imagina que estás mirando en un espejo la parte delantera de tu cuerpo. El frente y lado derecho de tu recipiente son masculinos y la parte trasera y lado izquierdo, son femeninos.

Observa cómo tu parte delantera se transforma en un gran armario lleno de muchos cajones, estantes y ropa colgada. Todos los espacios están llenos de aspectos masculinos viejos y polvorientos que necesitan ser transformados. En los cajones de tu armario puedes ver:

Desequilibrio entre dar y recibir

Necesidad de ser mejor que los demás

Incapacidad para mantenerse económicamente

Miedo a seguir tu corazón en cuanto a tu carrera

Viejos problemas relacionados con tu padre

Viejos problemas relacionados con otros

modelos masculinos

Mentiras a ti mismo o a los demás

Adicciones —alcohol, drogas

Timidez y miedo a la vergüenza

Enfermedad mental, preocupación obsesiva,

estrés

Invalidez, baja autoestima

Confía en tu intuición para que te diga lo que hay que limpiar.

Tienes una manguera de bombero conectada al fuego violeta, la energía divina de transformación y perdón. Enciende la manguera a todo dar y limpia completamente el armario hasta que veas que la luz verde esmeralda de tu chakra del corazón llena el armario y se derrama por la habitación. Ahora, pide encontrarte con tu Padre Divino y fusionarte con su amor y su poder. Pregunta por su nombre, o dale un nombre, y juntos abracen y fusiónense con el Hijo de Dios, el niño dentro de tu corazón.

Ahora que estás unido a tu Padre Divino y al Hijo de Dios, observa que ahora estás mirando por encima de tu hombro en el espejo. Ve la parte trasera de ti mismo. Toma tu manguera y con el fuego violeta limpia los viejos aspectos femeninos negativos de ti mismo.

Algunos viejos aspectos femeninos pueden ser:

Emoción reprimida

Negación de los sentimientos

Dificultad para establecer límites y comunicarlos

Negación de la belleza física y la sexualidad

Necesidad

Desequilibrio entre dar y recibir

Negación de las necesidades físicas/sacrificio
personal

Falta de aliento/agotamiento y enfermedad física

Vergüenza

Culpa

Indignidad

Conciencia de víctima

Asuntos de la infancia y la niñez con tu madre
biológica/adoptiva y otras cuidadoras
femeninas

Respira profundamente y exhala lentamente; repite: "Yo soy perdón".

Ahora, ve al Hijo de Dios, el niño de tu corazón, entregándote una antorcha de luz rosa rubí y haz brillar la luz en tu armario limpio. Observa cómo el Espíritu Santo redecora completamente todo tu armario, por delante y por detrás. Entra en la luz rosa rubí y pide conocer a tu Madre Divina. Pregunta por su nombre, o dale un nombre. Mírate a ti mismo fusionándote con ella. Invita a tu Divinidad Masculina y al Hijo de Dios a unirse a ustedes.

Repite: "Yo soy uno con Madre y Padre Dios, el Amor Divino y la Creación. Yo soy el milagro del equilibrio".

❖❖❖

Esperamos que limpies y organices tu armario con frecuencia. Cada vez, limpiarás más capas de separación entre tu Alma humana y tu SobreAlma. Recibe el Amor Divino de tu SobreAlma en tu recipiente y libera a tu Divinidad Masculina y a tu Divinidad Femenina para que puedas vivir libremente. Libera al inocente Hijo de Dios en tu corazón transformando todas las capas de miedo que experimentaste en tu pasado. Haz renacer a tu niño y comienza una nueva vida caminando en el amor.

Renace, transforma y equilibra capa por capa.

Cada experiencia dolorosa o decepcionante de tu pasado lleva una parte de la energía de tu Alma. Ve a buscarla y libera a la humanidad. Tu SobreAlma te presenta una búsqueda del tesoro para descubrir todas las riquezas y la alegría del reino de la gran Creación de Dios. ¡Tú eres esta gran Creación!

Nosotros caminamos a tu lado.

Libro 6

El Alma humana

El Alma humana da inicio a cada encarnación en la Tierra desde la seguridad del Cielo. En la Tierra, se le pide al Alma que experimente el ciclo de nacimiento y muerte antes de regresar a su hogar. Lo que los humanos a menudo olvidan es que el Alma permanece anclada en el Cielo. Y así, el Alma tiene la oportunidad y el poder de fusionar al Cielo y la Tierra. Te lo explicaremos.

CIELO

El Cielo es un lugar muy real, un lugar lleno del sonido y la luz de Dios, un lugar donde el amor es todo lo que existe. El Cielo es una vibración, una frecuencia de sonido y luz mucho más alta que la vibración de la Tierra. En tu realidad humana existe tanto el Cielo (Amor Divino) como la Tierra. El miedo hace que la vibración de la Creación de Dios baje, que se sienta más pesada y sólida y por eso parece que el Cielo y la Tierra existen en dos lugares diferentes. Deseamos ayudarte a entender que el Cielo es real. Es posible que visites este lugar llamado Cielo y es posible que vivas en el Cielo antes de morir.

A medida que la humanidad entrega el miedo y la negatividad al amor transformador de Dios, la vibración de la humanidad se eleva, la humanidad se vuelve inmune a la persuasión del miedo y experimenta el Amor Divino en todas partes. La humanidad comienza a vivir en el Cielo.

Entregarte al llamado de tu propia Alma puede ayudarnos en nuestro trabajo para liberarte.

Tu Alma está conectada a todas y cada una de las Almas de toda la raza humana, al igual que cada célula de tu cuerpo físico está conectada a todas las demás células. Cuando las células de tu cuerpo físico se transforman en células cancerosas malignas, dejan de escuchar a las células que las rodean. Algunas de estas células pueden aislarse y formar un tumor. Las Almas humanas son muy parecidas a las células humanas.

El Alma en tu recipiente humano está conectada a través de un cordón umbilical de luz y sonido a tu SobreAlma. La SobreAlma es la fuente de energía de Dios que creó tu Alma humana. Tu SobreAlma es la madre y el padre de tu Alma y tiene la capacidad de restaurarla, enseñándole cómo hacer elecciones más sabias a tu mente y cómo traer sanación a cada célula de tu cuerpo físico.

Cuando usas tu mente humana para activar la conexión entre tu SobreAlma y tu Alma, traerás más Amor Divino a tu Alma en cada momento. Tu SobreAlma se deleita en nutrirte. Debido a que tu Alma toca a todas las demás Almas humanas, a medida que tu Alma se nutre, se hace más fácil para todas las Almas activar su conexión con sus SobreAlmas. Eventualmente, todo el sufrimiento de las Almas humanas y el cáncer de las células humanas serán historia.

¡Pedimos tu ayuda para acelerar este tremendo proceso de sanación!

Unión de las almas

Respira profundamente y exhala lentamente. Enfoca tu mente en ver una suave luz blanca y dorada. La luz está saliendo de un cuenco, derramándose por los lados y elevándose como una fuente en el centro. Coloca un nuevo cuenco de luz al sur de este cuenco, luego uno al oeste, luego al norte. Coloca el último cuenco de luz al este. Repite: "Muéstrame cómo se mueven las Almas. Muéstrame cómo las Almas se conectan aquí en la Tierra y en el Cielo". ¡Observa y disfruta!

TIERRA

Cuando tu SobreAlma decide encarnar en la Tierra, se liberan dos energías sagradas del Cielo: la energía que crea tu Alma y la energía que crea el Ángel de la Naturaleza o chi (fuerza vital) necesario para manifestar tu cuerpo físico. El Ángel de la Naturaleza sabe exactamente qué codificación genética necesitas para encajar con tu familia biológica. Tu Ángel de la Naturaleza diseña tu templo físico con perfecta precisión, incorporando todas las mutaciones, limitaciones y vulnerabilidades que necesitas experimentar para tu evolución espiritual, emocional y mental durante tu vida en la Tierra.

Dentro de las células de tu cuerpo físico, está codificada una biblioteca completa de información sobre el experimento de dualidad de Madre y Padre Dios en la Tierra. Todo lo que necesitas recordar sobre la ilusión del miedo, así como la forma de acabar con la separación en tu realidad terrenal, se encuentra dentro de las células de tu cuerpo. Cada célula contiene un mapa que señala exactamente a dónde tiene que ir tu Alma y qué propósito vino a cumplir. El mapa siempre está cambiando a medida que creces en conciencia y transformas los miedos que debes enfrentar en el camino a Dios, tu hogar. A medida que el mapa de tu Alma cambia, experimentas más momentos del Cielo en tu día a día. Si eliges no enfrentar tus miedos o si tu ego queda atrapado demasiado profundamente en la ilusión, tu Alma tomará la decisión de que tu vida en la Tierra termine. Esta muerte siempre ocurrirá como una muerte emocional primero, dando a tu ego la oportunidad de entregarse y aceptar al Amor Divino en tu realidad humana. Tu vida humana estará llena de oportunidades para morir y renacer en un nuevo nivel de conciencia, más despierto y más cerca de tu yo divino. Si no puedes entregarte (por ejemplo, ser adicto a las drogas) y tu vibración general está bajando en lugar de subir, tu Alma y Ángel de la Naturaleza dejarán tu cuerpo físico, llevando tu conciencia de vuelta al Cielo, donde tu educación continuará.

La libertad es el objetivo máximo de la evolución del descubrimiento de tu Alma. Tomar la decisión de evolucionar y crecer con tu Alma, siempre es un gran regalo.

Tu SobreAlma, junto con tus Guías, maestros, seres queridos en el Cielo y Ángeles Guardianes (Ángeles que te protegen en cada encarnación) planifican tu viaje terrenal con gran y perfecto detalle. Todas las experiencias están diseñadas para ayudarte a recordar de dónde vienes y a dónde vas. Tu SobreAlma realiza contratos y acuerdos con todas aquellas Almas con las que te conectarás. Estos contratos deben trabajar sinérgicamente para facilitar el recuerdo en ambas partes. Sus planes no permiten errores, ya que son creados en el Cielo. No cometerás errores en tu vida ni tendrás accidentes pues tu SobreAlma siempre te está guiando desde el miedo y de vuelta al amor eterno.

VIDA

Tu viaje no está sujeto a las limitaciones de una vida. Tu Alma regresará tantas veces como sea necesario para lograr liberarse del miedo. Tenemos la esperanza de que vivas esta vida como si fuera la última. ¡Vemos a tu Alma alcanzando la libertad en esta vida!

Más de una visita a la Tierra ha sido necesaria para que experimentases plenamente cómo el Maestro Miedo intenta controlar la conciencia de la humanidad. Más de una visita a la Tierra ha sido necesaria para que recordaras que el amor siempre vence al mal. Cada Alma humana tiene acceso a las vidas de todas las demás encarnaciones, así que, aunque creas que esta visita es la primera, tu Alma recuerda a millones. Todas las Almas alcanzarán la libertad y se sentirá como si ocurriera al mismo tiempo, durante la misma vida, para todas las personas. ¡Creemos que ha llegado el momento!

MUERTE

Desde nuestra perspectiva, los humanos están muertos hasta que liberan sus mentes y cuerpos del miedo. Cada vez que eliges creer que el miedo tiene poder sobre ti, te estás suicidando. Cada vez que eliges el amor y la confianza en el plan de Dios, te vuelves más vivo. Te vemos resucitando de la muerte. Vemos a la humanidad levantándose de la tumba del miedo y bailando en celebración de la vida en la Tierra.

La muerte física es otro misterio. En primer lugar, necesitamos que entiendas lo que significa ser físico.

Dentro de tu chakra del Alma, situado en la zona del ombligo en tu abdomen, viven tu Alma humana y tu Ángel de la Naturaleza. Tu Ángel de la Naturaleza es responsable de expresar el sonido y la luz de Dios, dándote una forma llamada cuerpo físico. Los Ángeles de la Naturaleza utilizan la **energía de la creación**, también llamada chi o fuerza vital, para darte un recipiente en la Tierra y en el Cielo. Para mantener la energía de Dios en forma de materia, tu Ángel de la Naturaleza reduce la vibración de la energía a lo que los humanos perciben como sólido y tangible. La muerte llega cuando tu cuerpo físico ha absorbido o experimentado todo el miedo que puede contener y tu chi se apaga, como la llama de una vela.

La SobreAlma llama al Alma humana de vuelta a sí misma y tu Ángel de la Naturaleza regresa al Cielo para crear un nuevo cuerpo para ti. Como este nuevo cuerpo existe en la alta vibración de amor puro del Cielo, pareciera como si hubieses dejado la Tierra por completo. Tu viejo cuerpo físico permanece en la vibración de la Tierra y se recicla de nuevo en componentes básicos de la materia física. Cuando tu Alma regresa al Cielo, todos tus pensamientos y sentimientos amorosos de Unidad con otras Almas humanas y con la Tierra misma, viajan contigo.

Del mismo modo, todos tus pensamientos de miedo y cualquier emoción bloqueada permanecen en la Tierra. Debido a que tu Alma es responsable de todo tu recipiente humano, se te da la oportunidad de trabajar con tus Ángeles y Guías para limpiar cualquier negatividad que hayas dejado en la Tierra.

Llamamos a esto la "recolección del Alma". Esperamos que elijas recolectar todo el pensamiento, emoción y energía de creación/acción que ha abandonado tu Alma humana mientras aún vives en la Tierra. Una vez más, al asumir la responsabilidad de tu recipiente, ayudas a toda la humanidad a elevar la vibración de la Tierra a la del Cielo. El Cielo se acerca cada día más.

A medida que te propones recolectar la luz y el sonido de tu Alma, transformando el miedo en tu recipiente humano, tu mente consciente se fusiona con tu mente superior, la mente de tu SobreAlma. A medida que permites que fluya más amor en tu recipiente, tu Alma humana se abre a recibir más y más sonido y luz de tu SobreAlma. Cuando la SobreAlma y Alma humana se unen en la Tierra, es posible que el chi arda para siempre. La elección de vivir una vida celestial en la Tierra es más importante que la inmortalidad.

Ya eres inmortal. Tu Ángel de la Naturaleza tiene la capacidad de crear un cuerpo físico a voluntad en cualquier lugar donde necesites existir en el Universo. También puedes decidir fusionar el cuerpo físico/energía de creación, el cuerpo mental/energía de pensamiento y el cuerpo emocional/energía del Espíritu Santo en tu cuerpo espiritual y volver a existir como Amor Divino, la energía pura del sonido y la luz de Dios. El desafío aquí es que hacer esto no es una elección de tu ego. Todo es cuestión del Alma, donde tu Alma necesita que estés en cualquier momento dado o en cualquier dimensión de la realidad. Confía en nosotros, muchas Almas humanas están viviendo más de una vida en un momento y espacio determinado en tu planeta. Enfócate en donde estás ahora y en lo que tu Alma te está pidiendo que aprendas de la experiencia que estás viviendo. Si necesitas aprender sobre otra vida o experiencias en un tiempo y espacio diferentes, tu yo superior te lo mostrará en sueños o en meditación. Todas las experiencias están diseñadas por tu SobreAlma para que aprendas, evoluciones y crezcas en conciencia.

El miedo crea la ilusión de separación entre tu Alma y SobreAlma. El miedo hace que tu recipiente muera y el amor te permite vivir. Sé lo suficientemente valiente como para conocer a tu Alma y caminar junto a ella conscientemente en tu camino de regreso al Cielo. ¡El Cielo es vida y creemos que ahora es el momento para que la humanidad viva de verdad!

Hacer el siguiente ejercicio *no* acelerará tu muerte física. Este ejercicio ayudará a tu ego a recibir la muerte con gracia cuando tu Alma haya decidido que tus lecciones en esta encarnación han terminado.

 Muerte con gracia

Respira profundamente y exhala todo el miedo a la muerte. Ve la puerta del Cielo abierta. Tu Divinidad Masculina, Divinidad Femenina y Niño Divino están de pie en la puerta. Mira tus pies y quítate los zapatos. Ponte las zapatillas de luz de rubí que te esperan. Baila a través de la puerta hacia la luz blanca y dorada del Amor Divino. ¡Ve hacia ellos y alégrate!

ESTAR VIVO

Estar verdaderamente vivo es exactamente a lo que estás ascendiendo. Los Ángeles definen la **ascensión** como la libertad en la Tierra. Muchas Almas humanas han logrado liberarse del miedo y han evolucionado hacia la vibración del Cielo. Caminan con ustedes en la Tierra, tocándolos y enviándoles mensajes: "El Cielo y la Tierra son uno".

Te dicen: "Confía en Madre y Padre Dios y ve la realidad del amor total". A medida que sigues asumiendo la responsabilidad de transformar tus pensamientos y reacciones de miedo en pensamientos de amor y fe, estas Almas ascendidas se convierten en parte de tu realidad consciente. Un Alma humana ascendida se ha convertido en un maestro sobre el miedo y es inmune a sus artimañas.

Cada Alma humana es un maestro ascendente. Te recordamos a menudo que los maestros nunca retroceden en su camino a casa. ¡Gracias por ayudarnos a que la clase graduada de la humanidad ascienda fuera de la escuela de separación de la Tierra hacia el patio de juegos del amor eterno de la Tierra!

Los Doce Arcángeles del Alma Central te invitan a asistir a nuestra clase de recolección del Alma.

Curso angelical para maestros ascendidos

REQUERIMIENTOS

1. Determinación por liberar tu recipiente humano de las ilusiones del miedo.
2. Valor para seguir la voluntad de Dios, la voluntad de tu corazón.
3. Voluntad de asumir la responsabilidad de crear tu realidad exterior.
4. Voluntad de transformar todos los pensamientos negativos y temerosos en amor y Unidad.
5. Voluntad de desbloquear el Espíritu Santo y liberar tu cuerpo emocional.
6. Voluntad de aprender a nutrir tu templo físico y tratar tu cuerpo con amor y respeto.
7. Voluntad de confiar en que Dios vive en todos y que todas las personas tienen el mismo potencial para completar con éxito este curso.
8. Aceptar y confiar que todas las Almas humanas están automáticamente inscritas en el curso para maestros ascendidos (la conciencia de lo que la humanidad está haciendo en la Tierra, ayuda a la humanidad a graduarse con éxito).

LIMPIANDO LA INDIGNIDAD DEL CHAKRA DEL ALMA

La indignidad es una creencia —del subconsciente profundo, subconsciente y, a veces, consciente— de que el valor del ser humano es menor que el de un Ángel, menor que el de Madre y Padre Dios. Con esta creencia, el Alma humana permanece separada de Dios, de la Creación de Dios y del destino divino para el ser humano.

Dentro de tu Alma hay un tremendo conocimiento que describe los detalles de cómo estás llamado a liberarte del miedo y de sus ilusiones. El Alma entiende que debe ayudar al cuerpo mental a eliminar los conceptos del miedo sobre la indignidad, derrota, desigualdad y separación. El Alma y la SobreAlma crean activamente desafíos de la vida exterior e interior para lograr el dominio de la libertad en todos los niveles.

El chakra del Alma suministra el Amor Divino tanto a tu Alma como a la fuerza del chi. Juntos, el Alma y el chi, dan a todo tu recipiente fuerzas creativas, sexuales y de sustento de vida. Estas fuerzas unidas se llaman la kundalini. Cuando el chakra del Alma está bloqueado por la energía de baja vibración del pensamiento temeroso, la **energía kundalini** puede entrar en cortocircuito.

Cuando las fuerzas de la kundalini están perturbadas, al cuerpo mental se le dificulta transformar el pensamiento temeroso, negativo y de conciencia de víctima. El flujo creativo de ideas que llega desde la mente superior de la SobreAlma se interrumpe continuamente. Cuando este flujo se interrumpe, es difícil para la mente mantenerse enfocada e identificar qué acciones son necesarias para manifestar las ideas creativas.

El cuerpo emocional se bloquea y el Espíritu Santo no puede fluir por todo el recipiente. Esto puede crear sentimientos (mensajes al cuerpo mental) de depresión, odio a sí mismo y a los demás, profunda desesperación, soledad e intenso aislamiento de otros seres humanos, de la naturaleza, o de ambos.

Si las energías de la kundalini sufren un cortocircuito en el cuerpo físico, este puede sentirse atraído a las sustancias químicas, dolor y relaciones sexuales abusivas. La kundalini bloqueada puede contribuir a la pereza del ser físico, así como a la enfermedad.

La interrupción del flujo de kundalini puede contribuir a la adicción a sustancias, actividades, patrones de pensamiento y relaciones con animales, personas y posesiones materiales. Una de estas adicciones es la del autosacrificio y la inversa, la recepción desequilibrada o la codicia.

Sobre las relaciones sexuales humanas, te pedimos que recuerdes que cuando dos personas tienen relaciones sexuales, están compartiendo su energía kundalini. La kundalini es una manifestación muy poderosa y sagrada del Amor Divino. Te animamos a que conozcas y ames a todo tu recipiente antes de compartir tu Alma en un intercambio sexual con otro. No es suficiente amar con la mente. ¡Ama con todo tu recipiente y ambas partes se beneficiarán enormemente del intercambio sinérgico de Alma y chi!

 ### Transformando y liberando la energía kundalini

Acuéstate, cierra los ojos y respira. Llena tu mente con fuego violeta y repite suavemente: "Yo soy amor".

Invita a tu Divinidad Masculina y a tu Divinidad Femenina a abrir el chakra del Alma.

Vacía todo lo que ata a tu Alma con tu intención: "Yo soy amor".

Vuélvete uno con cada gramo de indignidad en todo tu recipiente.

Repite: "Indignidad, sal a la luz y al sonido de Dios".

¿Puedes sentir la oscuridad que ahoga la kundalini sagrada? Libera la oscuridad respirando la luz violeta profundamente hacia tu estómago. Hazlo con toda la fuerza de tu interior. Mírate a ti mismo lleno y rodeado de fuego violeta resplandeciente. Luego ve tu cuerpo entero lleno y rodeado de Espíritu Santo rojo rubí. Y ahora la luz de oro blanco del Amor Divino.

Repite: "Yo soy completamente uno con el Amor Divino".

Imagina que te bañas en una hermosa luz color coral y melocotón, la luz de la paz y la serenidad. Este es el fuego kundalini. Deja que fluya hacia arriba y hacia abajo de tu recipiente, hacia fuera a través de las plantas de tus pies, las palmas de tus manos y la corona de tu cabeza. Míralo salir y entrar en cada célula de tu cuerpo, limpiando el miedo de tu cuerpo y de tu vida.

Puedes quedarte dormido por un corto tiempo mientras tu

SobreAlma ajusta tu vibración. Cuando te sientas completo y listo para levantarte, repite suavemente: "Yo soy amor".

ENCUENTRO CON TU ÁNGEL DE LA NATURALEZA Y FORTALECIENDO EL CHI

Cada recipiente humano proporciona un hogar para un Ángel de la Naturaleza. Este Ángel da energía de creación al ser humano y le proporciona un recipiente o cuerpo físico. Te recordamos que un humano es la energía de Dios en cuatro aspectos: Pensamiento Divino, Emoción Divina, Amor Divino y Creación. La energía de la creación unifica el pensamiento, la emoción y el amor y genera la materia física, como las estrellas, los planetas, los seres humanos, los animales, las plantas y las rocas.

El Ángel de la Naturaleza gobierna el chi o la energía vital de tu cuerpo físico. Cuando respetas a tu cuerpo como la gran Creación de Dios que es, tu Ángel de la Naturaleza permite que el flujo del chi aumente. Tu cuerpo necesita moverse, bailar, hacer ejercicio y ser tocado por los seres humanos. Pedirle a tu Ángel de la Naturaleza que te enseñe la forma en que la Creación nutre tu cuerpo ayuda a que la fuerza vital fluya y hace que moverse, bailar y hacer ejercicio no suponga ningún esfuerzo. Tu Ángel de la Naturaleza está dispuesto a ayudarte a ser un verdadero discípulo de tratar tu cuerpo físico como un precioso templo que contiene el Amor Divino de Dios.

Dentro de ti vive el Niño Divino, el niño debe jugar y recibir afecto físico. Puedes hacerlo masajeando tu propio cuerpo y recibiendo el afecto de las personas y los Ángeles en los que confías. Te enseñaremos cómo tu Ángel de la Naturaleza puede ayudarte a cuidar mejor tu templo físico y traerte la juventud eterna. Al nutrir y ejercitar los músculos del hogar de Dios, ayudas a limpiar el chakra del Alma de energía kundalini turbia y bloqueada. El Niño Divino conoce tu Ángel de la Naturaleza y entiende el Alma. Permite que este niño juegue y aumenta el flujo del chi para que la kundalini sagrada pueda mantenerte humano, plenamente Dios, y Dios, plenamente humano.

 ### Comunicándote con tu Ángel de la Naturaleza

Cierra los ojos, respira aire profundamente al abdomen y exhala completamente. Continúa respirando y concéntrate en tu respiración.

Coloca tus manos en el chakra del Alma, debajo del ombligo, e imagina que encuentras una puerta debajo de tus manos. Pide al niño de tu corazón la llave para abrir esta puerta mágica. Coge la llave y vete a ti mismo y al Niño Divino atravesando la puerta sagrada. Repite: "Yo estoy aquí para encontrarme con mi fuerza vital". Envía amor a tu Ángel de la Naturaleza y permite que el amor crezca y fluya de vuelta hacia ti. Repite: "Yo soy fuerza de vida, libre e inmortal".

No importa si realmente ves a tu Ángel de la Naturaleza. Confía en que con el tiempo sentirás la energía del chi, o verás a este Ángel, o a ambos.

Pídele a tu Ángel que te ayude a cuidar bien tu cuerpo físico. Recuerda preguntar el nombre de tu Ángel para que puedas invocarlo y te ayude a hacer ejercicio sin esfuerzo y a mantener la disciplina. Pide que todos los alimentos que consumas estén llenos de salud y amor. Pídele a tu Ángel que deje pasar cualquier alimento que tu cuerpo no necesite para que metabolices únicamente lo que sea para tu mayor bienestar y felicidad máxima de tu recipiente. Escucha la guía de tu Ángel de la Naturaleza sobre cualquier problema de salud que tengas.

Tu Ángel de la Naturaleza es tu propio entrenador personal, nutricionista y sanador de todo el cuerpo, todo en uno. Hay muchos sanadores del cuerpo físico a tu disposición y esperamos que recuerdes consultar a tu propio experto interno para asegurarte de que estás recibiendo el mejor tipo de asistencia para *tu* cuerpo.

UNIDAD

Cuando tu SobreAlma se fusiona con tu Alma y esta ayuda a tu cuerpo físico, mental y emocional a resucitar de la muerte, toda la Tierra se regocija. Gracias a tu fe y coraje, ayudas a todas las personas a vivir libres de miedo.

Cuando tu SobreAlma se fusiona con tu Alma y tu Alma y Ángel de la Naturaleza transmiten la sagrada kundalini, toda la Tierra celebra. Gracias a tu disciplina y amor, ayudas a todas las personas a crear un nuevo cuerpo humano. Este cuerpo humano está libre de enfermedades, libre de cáncer y libre de muerte.

Cuando tu SobreAlma se fusiona con tu Alma y tu Alma se conecta con el Hijo de Dios en tu corazón, los cuatro aspectos de Dios están completamente unificados dentro de tu recipiente humano. Gracias a tu voluntad de transformar tus pensamientos en Pensamiento Divino, tus sentimientos en Emoción Divina, tu acción en Amor Divino y tu cuerpo físico en el templo de Dios, unes el Cielo y la Tierra.

Cuando tu SobreAlma se fusiona con tu Alma, empiezas a conectarte conscientemente con todas las personas y con toda la Creación de Madre y Padre Dios. Gracias a la Unidad dentro de ti, creas la Unidad y todas las bendiciones del Cielo en todas tus experiencias. Experimentas el amor con cada respiración; en cada momento, vives en la alegría.

¡Bienvenido al Cielo!

La voluntad de Dios es que la humanidad recuerde que Dios es una magnífica espiral de sonido y luz, una sinfonía que toca música alegre, y ¡tu Alma es un instrumento fundamental en la orquesta!

MENSAJES
DE LOS ÁNGELES

Intervención divina en la vida cotidiana

Aplicación práctica de los 48 mensajes de los Ángeles

Los 48 mensajes de los Ángeles están diseñados para ser una herramienta de referencia rápida con la cual acceder a la guía angelical cuando sea necesario. Al igual que el tesoro, la redacción de los mensajes se inspiró en mis veinticinco años de práctica privada y en mi pasión por la enseñanza junto a los Ángeles. La característica especial de los mensajes es que podemos pedir al niño herido (mente subconsciente) que nos muestre exactamente dónde estamos bloqueados y cómo transformar el bloqueo, abriéndonos a un mensaje aleatorio. Según mi experiencia, nuestro yo superior y los Ángeles Guardianes se aseguran de que elijamos el mensaje correcto. Trabajar con los mensajes de esta manera ofrece un método práctico e invaluable para ayudarnos a salir del pasado y entrar en la abundancia.

La misión de los Ángeles, y la mía, es ofrecer una guía que realmente sirva de apoyo en la vida cotidiana. Los Ángeles entienden lo que significa ser humano. La ayuda proporcionada en los 48 mensajes de los Ángeles es práctica y muy efectiva para cambiar nuestra vibración hacia la meta del amor incondicional por uno mismo, por los demás, por la Madre Tierra y por el Universo.

❖❖❖

Mensaje 1
EL ESPÍRITU SANTO

*H*oy te recordamos que debes respirar, inspirar profundamente y exhalar lentamente. Los Ángeles viven para siempre porque su alimento es respiración sagrada, amor y música. Te ofrecemos este alimento en gran abundancia. Date un festín de respiración sagrada recordando respirar como lo hacen los Ángeles, llenándonos profundamente de Espíritu Santo, esencia divina de la Madre Dios. El aire que respiras, no importa lo contaminado que los científicos digan que esté, está lleno de Espíritu Santo. La energía de la Madre Dios se mantiene fresca y pura porque esta es su manera de alimentar a sus dulces hijos de la Tierra.

La magia ocurre cuando recuerdas que, con cada respiración que inhalas, estás trayendo el amor de la Madre Dios a cada átomo, pensamiento, sentimiento y sentido de ti mismo. La conciencia de lo que realmente estás haciendo cuando respiras marcará una profunda diferencia en tu vida. Cuando eres consciente del Espíritu Santo, el miedo se desvanece, al igual que la desarmonía, la enfermedad y la depresión. Queremos añadir que, si descubres que olvidas respirar, quiere decir que el miedo ha entrado o aflorado desde algún lugar dentro de tu mente. Susurra la palabra "Ángel" o "Dios" y vendremos a recordarte que inhales profundamente y exhales lentamente, respirando como un feliz y libre hijo de Dios.

Te amamos y te deseamos un feliz día.

 ### *Amor de la Madre Divina*

Cierra los ojos y comienza a respirar lenta y profundamente. Mírate a ti mismo descansando en una nube de luz color rosa rubí. Invita a la Madre Dios a que te ame, te abrace, te acune y te alimente desde su corazón. Visualiza su luz rosa del más puro amor saturando todo tu ser por dentro, por fuera y a tu alrededor. Susurra las palabras "Te amo" al pequeño niño que vive en tu corazón, el hijo de la Madre Divina.

◈◈◈

Mensaje 2

LA CREATIVIDAD

*C*ada Alma individual expresa la fuerza creativa de Dios de una manera única. Cuando la puerta creativa del Alma se abre, la voz de Dios comienza a fluir desde tu propia caja de música divina. Cuando escuchas esta magnífica música, la vida puede convertirse en una manifestación milagrosa de los ideales más elevados de tu mente y los deseos más puros de tu corazón. La música del Alma es una metáfora de tu potencial creativo. Tener la intención de compartir esta música con los demás despertará talentos ocultos de gran valor.

Es probable que este nuevo descubrimiento del yo superior invite a la voz de la duda, proveniente del miedo, a que trabe la tapa de la caja musical del Alma. El miedo confunde los oídos para que te preguntes: "¿Es esta realmente la voz de Dios la que oigo? ¿Son realmente mis talentos para compartir con la humanidad?". Deseamos ayudarte a abrir tu caja musical de la creatividad despejando el miedo.

Los Ángeles están aquí para mostrarte cómo encender la fuerza creativa de tu Alma y dejar que tu música única suene para que todo el mundo la escuche. Es tu derecho de nacimiento ser próspero, estar lleno de propósito y alcanzar tu mayor potencial. Únete a nosotros y libera la canción de Dios de la creatividad eterna.

❁ *Expresión creativa de Dios*

Comienza a respirar una hermosa luz dorada. Lleva la luz hasta los dedos de los pies y cuando exhales, observa cómo la luz dorada se arremolina suavemente a tu alrededor. Repite: "Yo estoy abriéndome". Ve la luz dorada brillar como copos de oro al sol. Permítete disolverte en los destellos. Respira profundamente y mírate a ti mismo volviendo a tu cuerpo. Visualízate expandido, nuevo y lleno de ardiente luz coralina. Proclama: "¡Sí, yo soy expresión creativa de Dios!"

◆◆◆

Mensaje 3

LA ENTREGA

*E*n los momentos de estrés los humanos nos preguntamos si Dios comprende la miseria y la desesperación de la humanidad. A través de las lecciones de la vida y sufrimiento humano eres retado a descubrir la indestructible fibra de Dios que hay en ti. Tus mayores momentos de desesperación son también tus momentos más profundos de entrega. La entrega te trae conciencia y comprensión de tu verdad, y es a través de la entrega total ante Madre y Padre Dios dentro de ti y a tu alrededor que ocurren los mayores milagros.

La Tierra es una escuela donde se te pide que evoluciones en conciencia. Este proceso de evolución necesita que te estires y salgas de tu zona de confort. Te pedimos que des grandes saltos de fe, te enfrentes a lo desconocido y dejes de lado la necesidad de saber cómo llegar a donde tu ego quiere ir. La elección de entregar los deseos de tu ego a los verdaderos deseos de tu corazón te ayudará a ver que Dios sabe lo que es mejor para ti. Acoger los cambios que son para tu mayor bienestar es parte de aprender a entregarse. La alegría de entregarse al *cambio para mejorar* te hará atravesar cualquier noche oscura.

La entrega total consiste en respirar profundamente y detener la mente, soltar el control y creer en la sabiduría divina y misericordia de tu yo divino. En estos momentos en los que estás dispuesto a renunciar a todo lo que crees saber, es cuando más te vemos expandirte. La expansión de tu fe te liberará de las prisiones físicas, emocionales y mentales para que estés preparado para volver a creer que vale la pena vivir la vida.

¡Sí, prometemos ayudarte, querido Hijo de Dios! Te presentamos una receta para la entrega. Los reinos de los Ángeles responsables de la sanación de la Tierra, junto con el maestro Buda, cocrearon un lugar de descanso mágico para que los humanos que sufren puedan expresar sus frustraciones a Madre y Padre Dios. Buda y los Ángeles llaman a este lugar sagrado el "jardín de la compasión". El jardín es accesible a través de tu deseo e imaginación. Todos los que estén tristes y se sientan desesperados son bienvenidos a venir y profesar sus heridas a los seres de luz.

 ## Jardín de la compasión

Respira lentamente y exhala profundamente. Concéntrate en tu respiración hasta que te sientas tranquilo y centrado. Acuéstate sobre una gran piedra esmeralda. Cierra los ojos y repite: "Yo soy entrega". Los Ángeles dorados vienen y te llevan al jardín de la compasión. Los Ángeles del jardín te dan la bienvenida para que desnudes tu corazón y nos cuentes tus problemas. Inhala la luz de sanación y exhala el descontento. Ábrete a la luz dorada y mira cómo llena tu corazón, tu mente y tu cuerpo. Repite: "Yo invito a que los milagros vengan a mí en abundancia. Yo doy la bienvenida a la sensación de paz de la dulce entrega".

Mensaje 4
LA TRANSFORMACIÓN

*L*os humanos han sido acostumbrados a ver para creer. Lo que pueden ver, sentir, tocar, saborear y oír constituye lo que es la realidad pues perciben su mundo exterior como algo finito, sólido y lento de cambiar. La realidad humana se parece más a una película, un documental ilusorio lleno de dramas apasionados. Los dramas de la película de tu vida son seductores y te consumen, a veces podemos ver cómo crees que el drama es lo único que existe en la vida. Los Ángeles, Guías y otros seres de luz variados esperan ayudarte a desenredar las grandes telarañas del drama humano, recordándote que puedes editar tu documental cuando lo desees.

La película de la vida se siente como una realidad permanente cuando la humanidad se olvida de que la Tierra es una escuela diseñada para enseñarte en qué aspectos todavía te encuentras separado de tu corazón, tu voluntad y tu confianza. Es nuestro más profundo deseo mostrarte que, como hijo de Dios, siempre tienes la posibilidad de elegir, sin importar lo inmutables que parezcan ser las situaciones de la vida. Un mundo nuevo de experiencias te espera cada vez que desafías tus miedos y rompes la ilusión de tus apegos.

A menudo, tus experiencias pasadas condicionan tus aspiraciones para el mañana. Te enseñaremos a transformar esas experiencias pasadas para que no tengas que cargar con ellas en tu futuro. Te mostraremos cómo transformar tus miedos en amor y, rápidamente, tu drama se convertirá en una comedia de ilusiones. Ven y permítenos mostrarte el camino para salir del desierto de tus apegos, sueños rotos e imposibilidades. Déjanos caminar contigo hacia tu nueva realidad de elección y libertad consciente. Haz una nueva película con escenas desbordantes de esperanza, alegría y la más rica experiencia.

 Paseo por el bosque púrpura

Respira lentamente y exhala completamente. Cierra los ojos y mírate entrando en un hermoso bosque verde. Las ramas de los árboles se entrelazan sobre tu cabeza, creando un túnel mágico. Camina por debajo de los árboles y observa cómo el verde se convierte en un violeta brillante. La luz violeta es el poder de los Ángeles de la transformación y el perdón. Mientras caminas bajo el follaje violeta, imagina que una suave lluvia de luz de ese mismo color comienza a caer desde muy arriba de ti. Camina bajo la suave lluvia, respirando la transformación y el perdón y entiende que esta energía de Dios está transformando tus miedos, tus arrepentimientos por el pasado y tus ansiedades por el futuro. El amor te liberará y te pondrá en un nuevo camino hacia la felicidad eterna.

Quédate en la luz violeta todo el tiempo que quieras, caminando por el bosque violeta con la lluvia lavando todo el drama. Repite: "¡Yo soy *libre!*". La energía de los Ángeles es mágica y milagrosa, por lo que te invitamos a visitar esta experiencia con frecuencia. Cuanto más frecuentemente participes del Cielo, más rápido verás los resultados en tu vida cotidiana.

Mensaje 5
REGRESO AL HOGAR

*E*n los días en que la mente analítica exige el control, el yo del ego libera con toda su fuerza los torpedos del juicio, la comparación y el deseo. Estos torpedos son pensamientos que estallan en tu cabeza, exigiendo que sepas lo que va a pasar a continuación. Antes de que tomes tu próxima respiración, tus pensamientos ya están recorriendo el camino de los posibles escenarios, buscando el refugio correcto donde puedas esconderte con seguridad y prepararte para todo lo peor que pueda pasar.

El ego es la parte de tu mente que se identifica como separada de Dios y de la Creación. Alberga en su interior tu personalidad y la forma en que te ves a ti mismo en tu mundo exterior. La mente del ego tiene un gran potencial para alejarte de tu centro, ese espacio intuitivo y que todo lo sabe, donde te sientes unido con el Universo.

Cuando piensas desde tu centro, tu cabeza y tu corazón están conectados con tu voz interior. Esta voz de Dios dentro de ti tiene todas las respuestas a todas las preguntas y, cuando obedeces a esta voz, siempre estás viviendo tu vida buscando tu máxima felicidad y bienestar. Cuando vives la vida desde tu centro, un sentimiento de calma, paz y confianza irradia desde todo tu ser. En este lugar estás en tu hogar y estás centrado en el momento. El centro no tiene espacio para el miedo porque te estás moviendo con el flujo de Dios y todo está en su lugar para ti.

En realidad, tu ego fue diseñado para encontrar el camino a su hogar, a Dios. Deseamos mostrarte cómo integrar tu ego, tu hermosa y cuestionadora personalidad humana, con tu centro, el hogar de Dios dentro de ti. A medida que el ego y el centro se unen de nuevo, descubrirás el tremendo poder de estar presente y en sintonía con todo el Universo.

Para abrir y expandir el Centro de Dios dentro de ti, el cordón umbilical de la luz de Cristo-Buda del Amor Divino debe ser conectado desde tu corazón al corazón de Madre y Padre Dios.

Conduciendo al ego a su hogar

Por favor respira profundamente y exhala lentamente. Mírate a ti mismo de pie bajo una luz blanca y dorada brillante. Visualízate estirándote para saludar a la luz y permite que la luz del Amor Divino fluya hacia tu cabeza y viaje hasta tus pies. La luz blanca y dorada se derrama en este momento llenándote completamente hasta que se desborda por cada poro de tu cuerpo; incluso fluye a través de las plantas de tus pies y las palmas de tus manos.

Suavemente, con respiraciones lentas y profundas, permítete disolverte totalmente en el amor. Repite: "Yo estoy en mi hogar, ego, ven conmigo", una y otra vez, hasta que te sientas relajado, despejado y en paz en todo el cuerpo.

Mensaje 6
EL ORDEN DIVINO

Cada evento en el Universo, visto y no visto, está perfectamente orquestado por la voluntad de Madre y Padre Dios. La voluntad divina, o el orden divino, es la forma más elevada de gobierno para la humanidad y ninguna ley terrenal puede negar la voluntad de Madre y Padre Dios. Cuando elijas conscientemente obedecer la voluntad de Dios escuchando su voz en tu interior, sabrás y confiarás en que todas y cada una de las experiencias de tu vida ocurren para lograr el mayor bienestar de todos los implicados.

A menudo, es difícil para los humanos conocer su verdad y, sin embargo, todo lo que se necesita es una intención sincera de querer escuchar a tu yo divino. El orden divino coreografiará milagrosamente las lecciones de la vida hasta que veas, sientas, conozcas y confíes en tu verdad, y entiendas cómo vivir tu voluntad divina aquí en la Tierra.

Madre y Padre Dios, dentro de ti y a tu alrededor, apoyan cada momento de tu vida con amor incondicional. Cada hijo de Dios tiene un destino divino, un propósito para estar aquí. Cuando aprendes a tener fe de nuevo en el orden divino te liberas de la creencia de que eres una víctima de las circunstancias o de tu pasado. Es la voluntad de Dios que vivas la vida libre del miedo y de su atadura de separación de la Unidad.

Pide conocer la voluntad de Dios en las decisiones que tomas en tu vida cotidiana y pide comprender el orden divino en tus experiencias pasadas. Tu camino para vivir en el Cielo aquí en la Tierra será iluminado con la verdad y sabrás qué acciones llevar a cabo para el mayor bienestar de todos.

 Océano zafiro

Te presentamos al arcángel Miguel, Ángel del Señor. La palabra "Señor" significa "voluntad de Dios". La energía de Miguel protege la verdad y establece la ley y el orden de Dios aquí en la Tierra. Comienza cerrando los ojos, respirando profunda y lentamente y colocando tu mano derecha sobre tu corazón, con los dedos tocando tu garganta. El arcángel Miguel coloca su mano sobre la tuya. Observa su hermoso color azul zafiro, la luz de Dios de la voluntad y la verdad, fluyendo desde la palma de tu mano derecha hacia tu garganta y tu corazón. Ten en cuenta que el fuego de Miguel quema cualquier obstáculo a la verdad en tu cuerpo mental, emocional, físico y espiritual. A medida que Miguel te llena de voluntad, mira cómo la luz se convierte en un gran océano azul zafiro y tú eres un delfín nadando en el propósito divino, el destino, la libertad y la verdad.

Mientras nadas en el gran océano, repite: "Yo soy la voluntad de Dios" una y otra vez, entendiendo que tu voluntad superior resplandece como una gran llama azul de la verdad para que todo el mundo la vea.

Mensaje 7

ESCUCHAR
TU INTUICIÓN

*T*u verdad intuitiva, que todo lo sabe, vive en lo más profundo de tu mente creativa y te habla constantemente, sin importar dónde estés o qué estés haciendo. Ese pozo orientador está disponible para ti cada vez que te acuerdas de escuchar, de escuchar sin hablar. Los pensamientos son muy habladores y a menudo compiten por tu atención. Puede ser todo un reto distinguir entre la intuición suave y sutil y el parloteo bullicioso e incesante de los pensamientos conscientes.

Los pensamientos conscientes son como un comité de expertos que te dan una lista de tareas que tienes que hacer y, al mismo tiempo, te ofrecen sugerencias sobre cómo evitar hacer las tareas por más tiempo del necesario. Escuchar a estos expertos puede parecerse a escuchar una habitación llena de supervisores que te ordenan aquí y allá, señalando lo que no estás haciendo lo suficientemente rápido o bien.

En cambio, los pensamientos intuitivos te susurran suavemente todas las respuestas a todas tus preguntas y te señalan tu verdad, el camino de menor resistencia, la dirección para la felicidad máxima y el bienestar de todos. Tu intuición siempre conoce el camino más fácil para hacer todo lo que necesitas y lo que quieres hacer. La intuición permite que tu corazón y tu mente se conecten y que tu cuerpo esté tranquilo y centrado.

Estamos aquí para enseñarte cómo experimentar estos asombrosos pensamientos de clara introspección y total verdad, las veinticuatro horas del día. La práctica comienza con una inhalación constante y profunda y una exhalación completa. Centra tu atención en escuchar, apartando cualquier pensamiento que pase por tu mente, una experiencia similar a la de silenciar la voz de un orador aburrido. Aparta amablemente cualquier recuerdo que surja del pasado o pensamientos sobre el futuro. Deja que tu conciencia se traslade, como lo hace al soñar despierto, al espacio en blanco que acabas de crear y haz una pregunta. Cualquier pregunta servirá, pero una de las que te recomendamos es: "¿Cuál es mi propósito aquí en la Tierra?".

También puedes preguntar: "¿Qué tengo que hacer hoy para buscar el mayor bienestar de todos?". La voz intuitiva es infinita, lo sabe todo y es perfecta en su precisión. Cuanto más escuches a tu intuición, más fuerte y discernible se hará. Con el tiempo, los expertos de la mente consciente se callarán y seguirán las instrucciones dictadas por la voz de Dios dentro de ti.

Activando la intuición

Empieza a respirar profundamente y a exhalar lentamente. Centra toda tu atención en la columna vertebral, desde la cabeza hasta el sacro. Intenta sentir toda tu columna vertebral en el mismo momento. Ve la luz blanca y brillante del Amor Divino fluyendo hacia la parte superior de tu cabeza y bajando por tu columna. Siente que toda tu columna vertebral se derrite como una barra de mantequilla bajo el cálido sol. Sigue respirando y fundiéndote. Escucha, solo escucha, y haz una pregunta. Escucha, respira, derrítete y aprende.

◈◈◈

Mensaje 8

CÓMO AMAR
A UN SER HUMANO

*H*emos descubierto lo poco que los humanos entienden sobre amar a otros seres humanos. Los seres humanos tienen tres requisitos básicos para sobrevivir: afecto, atención y reconocimiento. Al ser una invención milagrosa de Dios, estás compuesto de amor y cuanto más recuerdes cómo amar a todo tu ser, tu cuerpo mental, emocional, físico y espiritual, más rápido harás realidad tus sueños más felices.

En cada ser humano adulto vive un Niño Divino, que desea experimentar el milagro del amor incondicional. Puedes empezar a aprender a amar a este niño dentro de ti practicando el amor incondicional con tu familia, amigos, compañeros de trabajo, enemigos y extraños.

Los seres angelicales solo aman incondicionalmente, así que te enseñaremos cómo lo hacemos. Primero, los Ángeles aman a los humanos dándoles todo el espacio que necesitan para aprender sus lecciones. No tenemos expectativas sobre tu comportamiento porque entendemos que te estás comportando tal y como necesitas. No te juzgamos ni cuestionamos tus juicios, ni te comparamos con ningún otro humano, porque sabemos que eres único. Es imposible que seas igual a otro y como todos los hijos de Dios son creados del Amor Divino, la desigualdad simplemente no existe. Lo más importante acerca de cómo amamos los Ángeles, es que no tenemos expectativas de cómo, cuándo o dónde se supone que nos debes amar tú a nosotros.

La gran expectativa que tu Madre y Padre Divino tienen para ti es que elijas amarte incondicionalmente, seguir los deseos de tu corazón y vivir en la Tierra como lo haces en el Cielo.

Cuando amas a alguien, el amor siempre volverá a ti, pero no siempre de la manera que esperas. Los seres humanos pasan mucho tiempo tratando de definir la naturaleza de sus relaciones y venimos a decirte que todas tus relaciones son familiares. Cada ser humano quiere ser amado, respetado y sentirse lo suficientemente importante para ti como para recibir tu atención personalizada, tu afecto, tu apoyo y tu aprecio. Permite que el amor que das a cada miembro de la familia humana te lo devuelva a su tiempo y a su manera.

Entrega tus expectativas, abre tu corazón y *ama a los demás.* El amor dado como un regalo, sin ataduras, se multiplicará y fluirá hacia ti en alegre abundancia.

Jugando en el amor rosa

Respira profundamente y exhala lentamente. Cierra los ojos y visualízate entrando por la puerta de tu corazón. Dentro de la puerta, encontrarás a un pequeño niño que quiere recibir tu amor y tu afecto. Coge a este hermoso ser de luz en tus brazos y juntos caminen hacia una piscina llena de luz rosa, la luz del amor incondicional. Entren en la piscina y permanezcan bajo una hermosa cascada del mismo color. Rían y jueguen con la energía rosa. Empápense de la luz hasta que ambos se sientan completamente rosados. Disfruta del sentimiento de amor puro, entregado y recibido tan libremente. El verdadero amor es todo lo que hay. Y *amor, amor, amor* es todo lo que el ser humano necesita.

Mensaje 9

LA IMAGINACIÓN

*L*a imaginación es la ventana a través de la cual los adivinos, profetas y clarividentes reciben visiones de Dios. Esta ventana puede funcionar como un túnel o puerta que une la mente humana con los planos interiores, las dimensiones más allá de lo que hay aquí en la Tierra. La imaginación crea imágenes a partir del pensamiento; por lo tanto, para que un ser humano reciba imágenes precisas sin ser tocado por el miedo y por el control de la mente del ego, siempre es sabio pedir ver solo lo necesario para lograr el mayor bienestar y la verdad más elevada para la Unidad.

Los Ángeles creemos que ahora es el momento para que toda la humanidad recuerde cómo enviar mensajes a Dios a través de las imágenes. Cuando enlazas la fuerza creativa de la imaginación con tu intuición, la voz de Dios dentro de ti, abres una milagrosa fuente de poder creativo.

Te pedimos que limpies tu mente de todos los pensamientos e impresiones negativas. Piensa en una experiencia milagrosa que desees que ocurra para ti o para alguien que amas. Visualiza la experiencia con tu imaginación y luego envíanos la imagen. La visión de la experiencia deseada se presenta entonces a tu SobreAlma, la parte de ti que nunca se separa de la Unidad. Tu milagro se manifestará en el tiempo y forma necesaria para alcanzar tu felicidad máxima y bienestar y, a menudo, experimentarás algo incluso mejor que lo que pediste.

Comienza cada día imaginando, enviando imágenes a Dios, de todo lo que te gustaría experimentar. Visualízate viviendo una nueva vida en total libertad y alegría aquí en la Tierra. ¡Ayúdanos a hacer realidad los deseos de tu corazón!

Te recordamos una verdad básica: tu pasado se ha ido y tu futuro aún no ha llegado. Si pides ver tu futuro, mantente abierto a algo aún mejor. Si ves visiones de tu futuro, entiende que a menudo te hablamos con símbolos. Sigue mirando a través de la ventana y la ventana se convertirá en la puerta. La comprensión llegará. Confía en lo que ves, sigue a tu corazón y entiende en todo momento que solo tu mayor bienestar puede llegar a ti.

Sombrero púrpura de la verdad

Cierra los ojos y visualízate colocando un sombrero violeta brillante en tu cabeza. El sombrero violeta es una imagen que activa el fuego del mismo color, la energía de transformación de Dios, de tu propio chakra de la corona. Esta energía puede funcionar como un filtro para eliminar todo pensamiento temeroso para que puedas enviar y recibir imágenes de la verdad.

Respira lentamente, exhala completamente y continúa imaginando el sombrero de fuego violeta. Cuando tu mente se sienta libre, imagina un hermoso lugar donde te gustaría tomar unas vacaciones. Visualízate descansando en completa paz y serenidad y luego pide a tus Ángeles que te muestren una visión sobre ti mismo, una verdad que habías estado esperando.

Mensaje 10
LA GRATITUD

*L*os seres humanos tienen el destino divino de vivir en la Tierra en completa libertad y armonía. Es tu derecho de nacimiento tener todo el dinero, recursos materiales, relaciones amorosas, buena salud y ese trabajo inspirador que tu corazón necesita y desea.

La forma más rápida de saltar sobre los obstáculos del miedo de la pobreza de espíritu, mente y cuerpo es practicar la gratitud. La gratitud consiste en dar las gracias por todo lo que experimentas y tomarte el tiempo necesario para permitir que estas experiencias te muestren dónde estás cayendo en las ilusiones del miedo. Como tu planeta es una escuela, puedes utilizar el poder de la gratitud para aprender lo que necesitas de la separación y pasar a vivir una vida celestial, incluso en tu propia sala de estar.

Practicar la gratitud aporta una nueva perspectiva a situaciones moribundas e imposibles. Dar las gracias y confiar en que todas y cada una de las lecciones existen para que logres tu mayor bienestar derrite la resistencia del yo del ego y desplaza al yo de la sombra. El yo de la sombra es la voz interior que intenta sabotear tu fe en tu yo superior y en Dios.

La energía mágica de la gratitud te catapultará fuera de casi cualquier situación de estancamiento en la que te encuentres atrapado; es el secreto para acelerar tu evolución y es la clave de la ascensión. Da gracias por todo lo que te deleita y también por todo lo que te molesta y aterroriza, y saldrás de toda la ilusión que te impide recibir tu destino divino, tu derecho de nacimiento como hijo de Dios.

✾ *Arcoíris de la gratitud*

Respira lenta y profundamente. Exhala completamente y toma otra respiración larga y profunda. Continúa concentrándote en tu respiración hasta que te sientas centrado. Para atraer la vibración de la gratitud, cierra los ojos y visualízate mirando el más magnífico arcoíris que jamás hayas visto. Hazte uno con el arcoíris. Abraza los colores, fúndete y juega con ellos. Extiende los colores del arcoíris como una gran manta, amontona todos los problemas por los que intentas estar agradecido, envuélvelos y envíalos como un regalo al Cielo. Observa cómo el paquete multicolor se eleva más y más hasta que desaparece. En cuanto se vaya el primer arcoíris, aparecerá uno nuevo. Mira cómo te fundes con los colores, te deslizas por él y aterrizas en un gran mar de luz dorada.

Saluda a todos los Ángeles que te esperan y ve las escenas de la vida que deseas vivir en la Tierra burbujeando para salir a tu encuentro desde el mar dorado. Sonríe, respira y repite: "Yo doy las gracias por encontrar mi máxima alegría y bienestar". ¡Vuela alto!

Mensaje 11

EL PERDÓN

*E*l perdón consiste en abrir la mente para experimentar la percepción de la otra persona sobre lo que está sucediendo. Los Ángeles saben que todos los humanos están en su lugar correcto, viendo a través de los filtros de sus propias vidas. El valle parece profundo y lejano desde el precipicio de la montaña, y el precipicio parece alto y formidable desde el interior del valle. Estamos aquí para ayudarte a ver y sentir desde todos los ángulos y profundidades, tanto desde lo egoísta como desde lo desinteresado, desde lo justo como desde lo injusto.

Te pedimos que practiques la experiencia llamada perdón, recordando atesorar a tu propio y precioso yo divino. Madre y Padre Dios te aman desde un lugar de inagotable consuelo y compasión. Dios quiere cambiar lo críticos, juzgadores e inflexibles que son los humanos consigo mismos y por eso ofrece el Amor Divino en la vibración del perdón, para calmarte y mostrarte otro camino. Cuando Dios te sostiene en sus manos, las manos del amor, vemos que empiezas a sentirte seguro y que gradualmente empiezas a dejar de compararte con los demás.

A medida que permites que entre el perdón, transformarás esos sentimientos de ser engañado, golpeado y descuidado por otro, por ti mismo o por Madre y Padre Dios.

Para vivir con un corazón libre de cargas, primero los seres humanos deben primero perdonarse a sí mismos por abusar de su propio templo sagrado, el recipiente físico, mental, emocional y espiritual al que llamas "tú". ¿Cómo puedes ser menos que Dios, si estás hecho de Dios, a su imagen y semejanza?

En segundo lugar, los humanos necesitan perdonar a Dios por enviarlos a la Tierra a experimentar la dualidad, el miedo y la separación del Cielo. Estás aquí como valiente sanador y guerrero para transformar la Tierra de vuelta a su destino original y sabemos lo difícil que es tu trabajo. Madre y Padre Dios te piden tu perdón y valor para completar la recreación del jardín del Cielo. Cuando recuerdes quién eres y de qué se trata tu misión aquí, nunca podrás herir a otro porque habrás dejado de herirte a ti mismo. Bienvenido al perdón, llévalo siempre dentro de ti y a donde vayas.

Yo te perdono

Respira la luz violeta y exhala todo el miedo y la negatividad de tu cuerpo. Visualízate mirándote desnudo en un largo espejo. Invita al fuego violeta del perdón a que se derrame desde la parte superior de tu cabeza (desde tu propio chakra de la corona) hacia abajo en la imagen de ti mismo reflejada en el espejo. Obsérvate a ti mismo volviéndote completamente violeta y dile a tu vulnerable y desnudo yo: "Yo te perdono". Siente cómo el nuevo yo divino del espejo atraviesa el vidrio y se fusiona con tu corazón. Invita a todos los que necesitan tu perdón a encontrarse contigo en el espejo. Lava tu dolor al mismo tiempo que lavas su ceguera, su sordera y su insensibilidad. Repite una y otra vez: "Yo te perdono". El violeta es el color del perdón y tú eres la esencia del amor. Bendiciones, hermoso, dulce y precioso hijo de Dios.

Mensaje 12
UN DIOS

A los seres humanos parece gustarles señalar los aspectos en los que se diferencian unos de otros. Algunos creen que su forma de vivir la vida es la correcta para todos. Algunos desean que todos conozcan a Dios a través de ciertas creencias y valores. Y otros entienden que encontrar a Dios es una experiencia muy personal.

Nosotros, los reinos de los Ángeles, somos verdaderamente optimistas de que serás lo suficientemente valiente como para recorrer tu propio camino hacia Dios. Un Dios, Madre y Padre, tiene la capacidad infinita de amarte a ti y solo a ti, a la vez que ama completamente a todos los demás habitantes de la familia Tierra.

Te animamos a buscar el rostro de Dios en el arcoíris de colores que se encuentra en los rostros de los niños de la Tierra, el diverso panorama de amarillo, blanco, marrón, negro y rojo. Escucha sus ricas voces, todas ellas contando muchas historias diferentes de cómo vive Dios. Eres hermano o hermana de todos los seres humanos que viven en la Tierra; cuando te encuentres con alguien que no tenga hogar, en mente, cuerpo o espíritu, recuerda que nadie tiene un hogar hasta que todos los seres humanos lleguen a Dios, su hogar más seguro.

Y cuando veas otro rostro de Dios luchando con el dolor o la pobreza de cualquier tipo, encuentra la fuerza de Dios en tu Alma y baña ese rostro con amorosa bondad. Presta atención a tu camino y a lo que Madre y Padre te están enseñando en tu viaje hacia tu hogar con Dios. Se requiere un tremendo valor para reconocer que el Amor Divino se enseña a través de muchos vehículos y a través de muchos maestros. Te pedimos que expreses el nombre de Dios en tu propio idioma.

Ya sea que llegues a tu hogar, a tu centro, llorando o riendo, corriendo o en silla de ruedas, tu Madre y Padre te recibirán con los brazos abiertos y un banquete completo para tu celebración. Encuentra tu camino y sigue tu verdad, sabiendo que un Dios te ama siempre, con una gracia infinita.

 ## La sonrisa de Dios

Respira profundamente y exhala lentamente. Cierra los ojos y visualiza tu rostro, brillante y sonriente. Visualízate caminando por un aeropuerto internacional muy concurrido, sonriendo a cada persona, con una sonrisa muy contagiosa. Visualiza tu rostro sonriente diciendo a todos los que encuentres: "Yo soy uno con Dios y tú también". Cierra los ojos y envía tu expresión de felicidad a todos los países del mundo.

Abre los ojos y haz todo lo posible para sonreír tan a menudo como puedas a tu propio reflejo en el espejo y a todos los que conozcas hoy.

Mensaje 13
EN EL TIEMPO DE DIOS

*C*uando rezas por ti mismo o por un ser querido para liberarte o liberarlo de los patrones de pensamiento o acción limitantes, te prometemos que tu oración se manifestará en el momento y de la manera que sea necesaria para alcanzar la máxima alegría y bienestar de todos los involucrados.

Cada Alma individual lleva puntos de tiempo perfectamente orquestados del momento exacto en el que la personalidad humana se abrirá y se mantendrá consciente de su potencial divino. Despertar es un proceso de iniciación y activación, átomo por átomo, célula por célula. Tu proceso, la ignición y el ardor de tu fuego está intrínsecamente entretejido con el proceso y el progreso de todos. Si pudieras ver a la humanidad desde nuestra perspectiva, verías una luz pulsante hecha de pequeñas chispas de fuego de todos los colores. El tiempo divino consiste en comprender y aceptar la sincronización del Universo, todas las chispas ardientes que se encienden justo a tiempo. Tú creas una chispa más brillante cada vez que permites que Dios, expresado por tu propia Alma, tome el mando.

La manifestación de tus oraciones depende del despertar de toda la familia humana y de tu deseo individual de conocer y amar a tu yo divino completamente. Los Ángeles y Madre y Padre Dios escuchan todas y cada una de tus oraciones, te pedimos que encuentres tu voluntad divina y sepas que todas las peticiones son respondidas en el tiempo de Dios. Recuerda que como Madre y Padre Dios ven el panorama general de tu vida, a menudo puedes experimentar algo mejor de lo que pediste.

 Tiempo de despertar

Respira lentamente y exhala profundamente. Cierra los ojos y ve a alguien que amas, alguien que te preocupa, durmiendo profundamente en una acogedora cama violeta. Las gruesas mantas de fuego violeta se levantan sobre la cabeza del ser querido, e incluso puedes oír los ronquidos de la persona. Llama al ángel Gabriel, quien aparecerá con enormes platillos de oro. Te entregará un juego de hermosas campanas de cristal y juntos despertarán a la persona. Escucha cómo los platillos chocan entre sí mientras tocas las campanas de cristal tres veces. Cada vez que Gabriel golpee los platillos, chispas de todos los colores fluirán desde las fundas hasta el cuerpo y la mente del ser querido dormido. Observa el cuerpo del ser querido levantarse en la luz y proclama junto a él: "¡Estoy despierto!".

¡Asegúrate de hacer este ejercicio viéndote a ti mismo como la persona dormida en la cama también!

Mensaje 14
EL LIBRE ALBEDRÍO

*L*a voluntad del ego se llama libre albedrío. Este da la ilusión de que el ego es completamente libre de hacer lo que la mente quiera.

El libre albedrío puede transformarse en la voluntad de Dios, en la voluntad de tu corazón, en cualquier momento. En realidad, la voluntad de Dios tiene autoridad sobre el libre albedrío porque Madre y Padre Dios saben que un libre albedrío mal dirigido te hace correr en círculos. Si decides saltar de un acantilado durante un momento de desesperación, pero es la voluntad de Dios que tu Alma permanezca en la Tierra, alguien intervendrá en la elección de tu libre albedrío de morir.

La fuerza de voluntad tiene que ver con la elección, con elegir instintivamente lo que contribuye con tu mayor bienestar y enfocar tu intención para manifestar lo que deseas. Creemos que puedes dirigir tu voluntad para lograr cualquier cosa. Cambiar el libre albedrío por la voluntad de Dios te permite conquistar todos los obstáculos en tu camino hacia la libertad de cuerpo, mente, corazón y espíritu. La voluntad de Dios te hace libre para crear la vida que tu corazón, unido a tu mente, elige vivir. Cuando las decisiones que tomas provienen de tu centro, en lugar del miedo, atraerás maravillosas oportunidades para experimentar los mayores tesoros de la vida.

Creemos en ti y sabemos que estás dispuesto a recibir tu libertad. Para permitir que la voluntad de Dios sea tu libre albedrío, repite: "Pongo la voluntad de mi ego en manos de Dios".

 El gran reino

Exhala completamente e inhala lentamente. Repítelo hasta que te sientas tranquilo y concentrado. Visualízate sentado en un exquisito trono violeta junto con el Niño Divino que vive dentro de tu corazón. Ambos tienen muchos anillos de oro y plata en sus dedos. Mira a través de una puerta a tu gran reino y ve todas tus esperanzas y sueños cobrando vida para ti. Siente una profunda satisfacción, paz y armonía irradiando hacia tu reino. Tanto tú como tu Niño Divino confían en que estás usando su poder divino para lograr la felicidad máxima de todos. Respira tu alegría y repite: "Pongo todo lo que quiero y todo lo que deseo en manos de Dios".

Mensaje 15

ENFRENTAR
A TU YO DE LAS SOMBRAS

*L*os aspectos del miedo, como el pensamiento negativo, la baja autoestima y la envidia, son reconocidos por destruir lo que es bueno y alegre. Estamos aquí para enseñarte que el miedo es tu mayor maestro. El Alma humana nace sin miedo, aunque retiene la memoria de cómo se ve y se siente la separación. Cuando el Alma humana llega a la Tierra, está envuelta en un campo de energía o manta de luz y música de la Madre Dios. La energía de amor de esta Alma es tan magnética y compasiva que puede atraer una manta de la ilusión del miedo mientras entra en la vibración de la Tierra, para amar y transformar. Cuanto más vieja sea el Alma, es decir, cuantas más vidas haya pasado en la Tierra, más valentía poseerá en su interior. Pedimos a las Almas viejas que atraigan capas gruesas y densas de miedo cuando encarnan en la Tierra, para que las transformen de nuevo en amor.

El yo en la sombra es la manta de energía negativa del miedo que tu Alma aceptó para aprender y eventualmente transformar. Es esta capa condensada de miedo la que separa al ego de Madre y Padre Dios. Tu sombra está dispuesta a ser disuelta por el amor tan pronto reconozcas que el miedo es una ilusión. Pide conocer a tu sombra y hazte su amigo. La sombra tiene muchos secretos, porque en realidad tu sombra sabe exactamente dónde estás atascado en tus inhibiciones e inseguridades. Cuando te sientas lo suficientemente valiente como para cambiar y romper con tus apegos y todos los miedos a los que te resistes, tu sombra te revelará todo lo que necesitas ver sobre lo que aprisiona a tu yo del ego. Cuando el ego sabe, con el pensamiento, la emoción y la acción, que es uno con Dios, eres libre.

¿Por qué la sombra quiere mostrarte la razón por la que estás en la oscuridad? La sombra es realmente la energía de Dios que se siente desconectada y perdida y quiere volver a su hogar, a la luz y el sonido del Amor Divino. Cuando te das cuenta de cómo esta te engaña, entonces estás listo para enfrentar el miedo y limpiar todo el chicle pegajoso del autosabotaje de la suela de tus zapatos. Cuando tus zapatos estén limpios, tu Alma estará lista para seguir adelante en el camino hacia tu mayor destino. La sombra tiene la llave. La sombra lo sabe todo.

 Tarta púrpura

Visualízate sentado en la oscuridad. Respira profundamente y dale la bienvenida a tu yo de la sombra para que salga de todos los lugares dentro de tu mente. Haz la pregunta: "Sombra, ¿qué regalo de introspección tienes para mí? ¿Por qué me he saboteado a mí mismo en esta situación? ¿Por qué tengo miedo de intentar esto o aquello?". Disfruta de la conversación con tu sombra. Una vez que hayas terminado de hablar ella, es el momento de encogerla. Visualiza una tarta de crema hecha con fuego violeta. Repite: "¡Gracias, sombra!". Lanza la tarta a la cara sonriente de la sombra (se parece a ti mismo en un tono oscuro) y siente cómo se eleva tu confianza al llenarte con el delicioso y dulce sabor del fuego violeta de Madre y Padre Dios de la transformación y el perdón.

Mensaje 16

LA CONFIANZA

¿*R*ecuerdas el día en que el Ángel Gabriel entregó tu Alma a la Tierra? Se te pidió que dejaras el capullo celestial de amor incondicional de los Ángeles para ser un valiente guerrero de la paz en la Tierra. Tu Alma emergió en la Tierra para descubrir un nuevo entorno en el que el amor se da cuando las condiciones se adaptan a aquél que lo da. Cuando tomaste forma como un bebé vulnerable, naturalmente buscaste en tu madre y padre humanos la misma calidad y cantidad infinita de amor que experimentaste en el Cielo.

Pronto descubriste que tus padres terrestres no eran capaces de dar amor celestial, porque habían olvidado cómo se siente el amor de Madre y Padre Dios. Perder la confianza en Dios comienza con perder la confianza en tu familia humana, porque no están emocional y físicamente disponibles para ti en todo momento. Cuando no pudiste cambiar tu mundo exterior para que coincidiera con el Cielo que acababas de dejar, empezaste a cuestionar si Dios era real.

Ahora es el momento de experimentar que el Amor Divino de Madre y Padre Dios existe aquí en la Tierra al igual que en el Cielo. Llama a tus Ángeles Guardianes en todo momento y en todas las situaciones. Pide que te presentemos pruebas tangibles; los milagros pueden ocurrir en tu vida cotidiana. A medida que veas que tus peticiones de oración son respondidas, la confianza en Dios regresa. Los Ángeles son como las manos y los brazos de Madre y Padre Dios, y cada vez que nos invitas a entrar en ti, inundamos todo tu recipiente con amor incondicional.

A medida que experimentas milagros de intervención divina en tu vida cotidiana, creemos que es probable que nos llames más a menudo. Tenemos la esperanza de que la oración se convierta en algo tan automático como respirar, y antes de que la humanidad lo sepa, el Amor Divino se sentirá seguro y confiable.

Serenidad de la luz color melocotón

Cierra los ojos y respira lenta y profundamente. Centra tu atención en sentir los latidos de tu corazón. Visualízate suspendido en una enorme bola de luz color melocotón, la energía de la serenidad y la satisfacción. Continúa concentrándote en escuchar tu corazón y rueda en la luz, mientras sientes que la bola navega suavemente por el espacio. Observa que tus preocupaciones parecen puntos negros y llévalos a la luz color melocotón. Observa cómo los puntos negros se disuelven en la energía de sanación de la serenidad. Tómate unos momentos para disfrutar del viaje alrededor del Universo en la bola de luz color melocotón. Respira la luz de la confianza y mira cómo llena cada célula de tu cuerpo hasta que estés completamente unido a la energía de ese color. Esta es tu aura espiritual y esta reunión te ayuda a vivir la vida sin obstáculos y con un corazón abierto y confiado.

Mensaje 17

CAMINAR SOBRE EL AGUA

¿*Q*ué elegirías? ¿Un camino de tierra o un río caudaloso para caminar? Probablemente elegirías el camino de tierra porque parece sólido y familiar. Tienes el control de tu camino porque ya lo has recorrido antes. Los humanos están entrenados para tomar el control y conservarlo, manteniendo la sensación de seguridad y familiaridad de su entorno. La vida se sentirá segura solo si se hacen planes para el futuro y ese futuro se parece al pasado.

Nosotros, los del reino de los Ángeles, no entendemos por qué los humanos desean llevar su pasado con ellos hacia su futuro. Desde nuestra perspectiva, esperamos que siempre estén abiertos a recibir más alegría y más amor. ¿Por qué no disfrutar de algo nuevo, delicioso y satisfactorio en cada momento de tu día? Los Ángeles siempre elegirán poner las plantas de nuestros pies en ese río fluyente de vivir la vida en el presente.

¿Te gustaría caminar con nosotros por las aguas sagradas de la fe? Pronto descubrirás que no es necesario el control, la ansiedad o la manipulación. Sin esfuerzo, te moverás con la corriente y no tendrás necesidad de ver hacia dónde vas. La fe es confiar en que estás exactamente en el lugar en el que necesitas estar, experimentando todo lo que te conviene para alcanzar tu mayor bienestar y expansión como hijo de Dios.

Caminar sobre las aguas de la fe da miedo al principio porque te sientes muy ligero cuando la gravedad de tu pasado desaparece. Ven y experiméntalo. Nunca te soltaremos las manos. Te apoyaremos totalmente y, poco a poco, a medida que los pensamientos controladores de la mente de tu ego se disuelven en la fe, simplemente no imaginarás viajar por la vida de otra manera.

 Bailando sobre las aguas sagradas de la fe

Respira profundamente y exhala lentamente. Visualízate llenando cajas con todos tus viejos conceptos de cómo se supone que se debe vivir la vida. Empaca tus secretos familiares y ataduras de codependencia. Empaca tus pensamientos de separación e inferioridad y superioridad. Empaca tus adicciones y apegos, empaca todas tus preocupaciones sobre tu futuro. Empaca todo y átalo con un cordón dorado de luz. Merlín llega con su camioneta de fuego violeta (la luz de Dios de la transformación y el perdón) y te ayuda a llevar todas tus cajas al río de la fe. Él te ayuda a lanzar las cajas en la corriente de luz dorada que se mueve rápidamente.

Observa cómo se disuelven y, cuando la última esté dentro, llama a tus Ángeles y baila sobre las aguas sagradas de la fe. Repite: "¡Yo soy el milagro de la fe!".

Mensaje 18
LA MANIFESTACIÓN

*L*a Tierra es como un enorme escenario donde puedes representar todas las experiencias que necesitas para expandir tu conciencia humana. Tu SobreAlma está escribiendo el guion de tu realidad exterior a cada momento. Todas tus experiencias están diseñadas con perfecta precisión y sincronización para permitirte ver y sentir dónde estás entregando tu poder divino. Tu realidad exterior funciona como un espejo, reflejando hacia ti los lugares donde todavía crees que estás separado de Dios. A medida que expandes todo tu ser, la humanidad se expande y cada Alma humana se reúne gradualmente con su SobreAlma, uniendo la Tierra y el Cielo en la conciencia de la mente humana.

La manifestación es el uso de la energía de Dios para llevar tus esperanzas e ideales a la forma física. Cuanto más conectado estés con tu SobreAlma, más fácil te resultará manifestar tus ideales de forma consciente e instantánea. Esto significa tener la capacidad de crear con tu corazón y tu mente tus experiencias externas antes de que sucedan. Han vivido y están presentes en tu mundo maestros que pueden visualizar lo que desean, enfocar su fuerza divina y hacer que su deseo aparezca en sus manos. Los Ángeles creen que todos los humanos tienen esta habilidad; sin embargo, te pedimos que no dejes que la magia te distraiga. Utiliza la magia del Amor Divino para crear un nuevo mundo confiando en que todo lo que desees manifestar se resolverá a favor del bienestar y máxima felicidad para todos.

La manifestación exige responsabilidad ante la voz de Dios dentro de ti. Aprende a callar y a escuchar esta voz y serás mucho más sabio sobre aquello que deseas experimentar aquí en la Tierra.

 ### *Recibiendo el regalo*

Respira profundamente y exhala completamente. Repítelo hasta que tu respiración sea tranquila y enfocada. Mírate a ti mismo y al niño dentro de tu corazón parados juntos, bajo una luz blanca brillante. La luz blanca es tan brillante que es todo lo que puedes ver. Mantengan ambos sus manos hacia la luz. Siente que el amor entra en ustedes hasta que se convierten uno con el otro y uno con la luz del Amor Divino. En sus manos, sostengan hacia la luz lo que desean y repitan una vez: "Doy gracias para que este regalo se manifieste en el tiempo de Dios y para el mayor bienestar de todos".

Mensaje 19

EL DINERO

*E*l dinero fue creado por la raza humana como un símbolo para el intercambio de servicios. A la energía de prestar el servicio o fabricar un producto material se le da un valor basado en la oferta y la demanda del servicio o producto. Te pedimos que consideres tu valor como hijo de Dios. ¿Qué valor tiene para ti tu fuerza creativa de Dios?

Los Ángeles creemos que tu valor es tan grande, que nos resulta imposible ponerte una etiqueta de precio. A medida que el Cielo y la Tierra se unen de nuevo en tu planeta, sabemos que empezarás a valorar tus dones creativos, tal y como Dios te valora a ti. La forma en que decides expresar tu fuerza de Dios en tu planeta afecta la vibración o la calidad de la energía que estás intercambiando con tu mundo. Los impedimentos del miedo, como los celos, la pereza, la avaricia, la duda y la indignidad, pueden afectar a la calidad de tu servicio, a tu talento y a la energía que intercambias con el otro.

Por ejemplo, si se intercambian armas, drogas o esclavitud por dinero, el dinero recibido tendrá un valor igual al de la muerte y la prisión. Si se intercambia la creatividad humana en la vibración del amor, el empoderamiento y la gracia, el dinero recibido se multiplicará para el dador y el receptor.

Desde nuestra perspectiva, los seres humanos dan al dinero un enorme sentido de poder y respeto. Para aumentar tu riqueza mundana, enfrenta tus miedos a la falta de dinero y permítete experimentar la generosidad del Universo. Cuanto más fuerte sea tu miedo a no tener suficiente dinero, más resistencia tendrás a recibirlo y a mantener la oferta y la demanda de tu dinero en equilibrio. Otra lección que te enseñamos es que necesitar dinero o no necesitarlo, luchar financieramente o no luchar financieramente, no tiene *nada* que ver con tu valor. Tu valor es infinito.

Cuando recuerdas por completo que estás hecho del Amor Divino de Madre y Padre Dios, tu riqueza viene con un flujo continuo. Siempre tendrás suficiente, y más, de todos los recursos que el mundo físico y el mundo espiritual tienen para ofrecer. Para recordar plenamente tu valor supremo, se te pide que dejes ir lo que tu yo del ego más teme perder. El dinero llega cuando obedeces el llamado creativo de tu Alma. "Cuando sigues a tu corazón, el dinero te sigue," es un dicho verdadero y sabio. Ábrete y recibe.

 ### *Disolviendo la deuda*

Respira lentamente y exhala completamente. Cierra los ojos y visualízate recogiendo todas tus deudas y colocándolas en una olla hirviendo de sopa de fuego violeta. Mientras revuelves la sopa, renuncia a tus miedos sobre cómo obtendrás el dinero para pagar las facturas. Recuerda que el fuego violeta es la luz de transformación de Madre y Padre Dios. Cuando la sopa esté lista, el color cambiará a luz dorada brillante. Bebe una taza de sopa de luz dorada y repite: "Soy digno de recibir la abundancia de Dios hoy".

Mensaje 20

LA ENERGÍA EQUILIBRADA

*E*l ser humano tiene energía masculina y femenina. La energía femenina es intuitiva y receptiva, y la energía masculina es activa y dadora. La ley divina requiere que cuando das tu fuerza vital, la calidad de esa energía que das debe estar equilibrada con la calidad de la energía que recibes.

Por ejemplo, si una mujer sirve a su pareja y a su familia y no se nutre a sí misma ni recibe lo mismo por parte de su pareja y su familia, perderá su salud, su dinero, su libertad o su belleza. Te pedimos que consideres a la Madre Tierra como esa mujer. Es esencial equilibrar continuamente la energía masculina y femenina dentro del recipiente humano para ayudar a restaurar la energía armoniosa de la Madre Tierra.

Tu planeta necesita recibir tu amor y nutrición para equilibrar todos los recursos naturales que está dando constantemente. El espíritu de la Madre Tierra es un Ángel y todos los Ángeles son servidores de Madre y Padre Dios. Estamos constantemente dándote amor y recibiendo amor de Dios, porque somos uno. Invítanos a ayudarte a equilibrar tu energía masculina y femenina, dando y recibiendo, sirviendo y reponiendo, para que tu dulce planeta Tierra pueda seguir compartiendo su rica cosecha contigo.

 Manteniendo el equilibrio para uno mismo y para la Tierra

Respira lenta y completamente. Exhala el estrés y el miedo que sientas en tu cuerpo. Repite hasta que te sientas despejado. Visualízate como un enorme ser angelical. Estás flotando de espaldas en un océano rojo rubí del Espíritu Santo. Absorbe el poder y la energía curativa de la Madre Dios en tu espalda, el área femenina de tu recipiente. Cuando te sientas completamente saturado, visualízate de pie, recto y poderoso, sosteniendo a la Madre Tierra en tus manos. Envíale luz blanca y dorada de Amor Divino a través de la parte delantera de tu cuerpo, el área masculina de tu recipiente. Repite: "Soy uno con Dios y agradezco que mi energía está en equilibrio para el mayor bienestar de todos".

Mensaje 21

LA EUFORIA

*E*l Cielo es un lugar majestuoso y hermoso para que jueguen los niños pequeños. Te invitamos a que vengas y estés con nosotros en nuestro hogar de la alegría. Dentro del chakra del corazón humano hay un espacio mágico, una puerta que te da acceso al Cielo y a los grandes palacios que existen en todo el Universo. El Cielo vibra con un sonido encantador, un conjunto perfecto de tonos, siempre en sintonía con el Amor Divino y la paz. El Cielo es una dimensión donde el amor, la paz y la unidad con toda la Creación de Dios, permiten solo sentimientos de alegría y satisfacción.

"Ser" es acerca del Cielo y, ser, es permitirse creer por un momento que el Cielo es un lugar real. Visitarlo requiere un poco de práctica porque debes venir como un niño pequeño. Debes permitirte ser vulnerable y estar dispuesto a dejar atrás las preocupaciones y el dolor. A veces, los seres humanos lloran cuando visitan nuestro hogar por primera vez y a veces sienten dolores físicos en el corazón y mareos en el cerebro. Estas sensaciones ocurren porque el amor es tan grande que tenemos que abrirte para que puedas dejar entrar nuestro amor. Cuanto más vengas a jugar con nosotros, más alto volarás.

Los Ángeles saben que visitar el Cielo funciona mucho mejor que las drogas y el alcohol para aliviar el estrés mental y el dolor emocional y físico. Los efectos duran mucho más y descubrirás que vuelves sintiéndote increíblemente descansado e inspirado sobre tu trabajo y vida terrenal.

Ven y experimenta la magia de los Ángeles y permítenos mostrarte que el Cielo es un lugar real donde siempre eres bienvenido. Sí, es cierto que puedes ver a tus seres queridos que viven aquí con nosotros en cualquier momento de tu visita. Aprenderás que tu ser querido sabe exactamente lo que ha estado sucediendo contigo en la Tierra. Aquí no tenemos límites. Ven, te mostraremos cómo encontrar la puerta del Cielo dentro de ti. Te sentirás como una persona nueva.

La puerta del Cielo

Cierra los ojos y respira profundamente tres veces. Mientras respiras, visualiza una enorme puerta de madera que se abre en tu corazón y mírate a ti mismo atravesándola. Entras en una acogedora habitación verde esmeralda y un pequeño niño te espera. Encuentra al niño y, juntos, busquen la puerta en el techo de la habitación verde brillante. La puerta se abre y una luz dorada se derrama hacia abajo. Permanezcan juntos en la luz y serán elevados a través de la puerta en el techo. Cuando lleguen al Cielo, repite: "Yo soy euforia, soy uno con Madre y Padre Dios". ¡Queremos jugar contigo!

Mensaje 22

VIVIR EN LA TIERRA PROMETIDA

¿Te has dado cuenta de cuánto tiempo pasas viviendo dentro de tu mente? El ser humano está constantemente analizando pensamientos y sentimientos, procesando su proceso y explorando a través del yo mental su relación con la naturaleza, Dios y la humanidad. Dios diseñó el cerebro humano para que funcionara como una computadora orgánica con la capacidad de conectarse con la Creación en cualquier lugar del Universo.

Tu misteriosa computadora ha apagado gradualmente gran parte de esta capacidad para facilitar todos esos pensamientos de autojuicio y comparación con los demás. La máquina más grande de la Tierra está preocupada por evaluar por qué no eres lo suficientemente bueno para llamarte hijo de Dios. Los días se convierten en semanas y meses de resistencia a tu destino divino, pues tu cerebro está muy ocupado con pensamientos frustrados por no tener lo que quieres. Cuando tu mente se aclare y los juicios, comparaciones y deseos sean escoltados por la puerta de salida, te encontrarás disfrutando de la tierra prometida de una mente libre.

Te pedimos que imagines cómo sería tu vida cotidiana si dejaras de juzgarte. Cuando abras tu mente y pidas orientación espiritual, los Ángeles te dirán que juzgar es poco amable e innecesario para tu camino hacia el encuentro con Dios. Compararte con los demás crea competencia y te dice que debes ser como ellos.

Los Ángeles no entendemos esta necesidad de comparación porque sabemos que no has sido creado para ser como cualquier otra persona en tu mundo. Eres el mejor para la tarea que tienes entre manos y esta tarea tiene como fin tu mayor bienestar, de lo contrario estarías haciendo otra cosa. El deseo sirve para decirte lo que quieres crear, pero si permites que tu deseo controle tu yo mental, la felicidad puede visitarte solo por breves momentos. Siempre estarás deseando más para sentirte feliz. Queremos enseñarte a liberar tu yo mental para que puedas conectarte sin esfuerzo con todas las personas, animales, plantas, rocas y cosas.

Te mostraremos cómo vivir en la tierra prometida de la satisfacción mental, pacífica y alegre. Repite todo el proceso tantas veces al día como quieras. Pronto descubrirás lo positivos que se vuelven tus pensamientos sobre la vida.

 ### *Liberando tu mente*

Exhala como si estuvieras inflando un globo e inhala tan profundamente como puedas. Observa cómo toda tu mente se llena de fuego violeta, la luz de Dios de la transformación, y de brillantes destellos de luz dorada del amor. Exhala de nuevo e inhala profundamente como si fuera tu última respiración antes de sumergirte en el agua. De nuevo, mira cómo toda tu mente se llena de luz violeta y dorada de amor. Repite: "Yo soy todo lo que soy, soy todo lo que necesito, soy todo lo que quiero, soy uno con Dios".

Mensaje 23

LA MUERTE

*L*a muerte del alegre espíritu humano comienza al nacer. El espíritu es la voluntad humana de vivir libremente y es tu espíritu el que te resucita de la muerte. Es el espíritu el que llama y dice: "Sé valiente y enfréntate a todos los asesinos que corren por tu interior". ¿Cuántas veces te atacas a ti mismo durante una hora? ¿Cuántas veces has atraído a la muerte por ver solo lo negativo, solo la oscuridad y solo el miedo?

La muerte supone la transformación de una forma de entender la vida hacia una visión más elevada, más profunda y más amplia. El Alma humana es inmortal y, a medida que viaja a través de la vida, trae nacimiento donde ha habido muerte y trae claridad donde ha habido confusión.

La evolución es un regalo de transformación, por lo que te pedimos que acojas el cambio para el mayor bienestar en tu vida. Te pedimos que dejes de resistirte a la muerte de los atacantes de tu autoestima. Todos tus viejos conceptos de creencias limitantes, indignidad y estructuras jerárquicas están listos para morir. La muerte es uno de los milagros más amorosos de Dios, porque pone fin al sufrimiento en todos los niveles. Vemos que no es la muerte física lo que preocupa a la humanidad, sino es la resistencia por dejar ir el miedo al cambio, lo que causa el dolor.

Estamos aquí para recordarte tu inmortalidad y te pedimos que cuides el templo físico, emocional, mental y espiritual de Dios en el que vives. ¿Cómo puedes ayudar a tu templo a sentirse uno con Dios en cada respiración, pensamiento y sentimiento? Resucita tu espíritu y tu vida deteniendo todas las formas en que destruyes a la Creación de Dios, el ser humano. Con la muerte de cada miedo viene el amor, la dicha y la vida eterna.

 Transformación celular

Exhala hasta que estés vacío. Inspira hasta que estés lleno. Imagínate de pie en un campo en el suroeste de los Estados Unidos. Delante de ti hay una gran plataforma, una pira funeraria para tu muerte. Junto a la plataforma hay un cuenco medicinal tan grande como el Gran Cañón. Bailando y cantando alrededor de la pira funeraria están tus Ángeles Guardianes y el arcángel Ezequiel, el Ángel de la muerte y la transformación. Tus Ángeles te llaman para que subas los escalones de la plataforma y arrojes al cuenco todos los recuerdos, ilusiones, creencias limitantes y partes de tu ser humano que deseas transformar.

Sube los escalones y túmbate en la plataforma sobre una suave manta de muchos colores. Cierra los ojos y repite: "Me estoy liberando". Imagina que te disuelves totalmente en los fuegos de los Ángeles en un arcoíris de colores. Cuando el proceso esté completo, te verás de pie en la luz blanca en medio de un hermoso jardín. El cuenco medicinal se ha transformado en una hermosa copa dorada. Dentro del Santo Grial está la luz color rojo rubí, el Espíritu Santo, esencia divina de la Madre Dios. Bebe la luz hacia todo tu ser, cuerpo, mente, corazón y espíritu. Repite: "Soy amor".

Ahora eres un nuevo templo de Dios.

Mensaje 24

LA BELLEZA

*A*hora te contaremos una historia. Érase una vez, hace mucho tiempo, nació un hermoso niño. Este niño era feliz y le encantaba cantar y hacer dibujos de colores de sí mismo. Se ponía el pelo de todos los colores en los dibujos. Se dibujaba bajo, alto, redondo y cuadrado. Era un niño variado y a veces incluso se dibujaba a sí mismo como una niña. Le gustaba enseñar sus dibujos a todos los que conocía y cada vez que lo hacía, le preguntaban: "¿Quién es esta persona?". El niño sonreía y respondía: "¡Soy yo, todos son dibujos de mí mismo!".

¡Los Ángeles adoran a los seres humanos porque sus personalidades son fantásticas y pueden cambiar tan rápido como el clima! Con personalidad y talento, constantemente estás creando nuevos inventos, estilos, menús y formas de pensar sobre lo que has creado. La belleza es humanidad y cuando te miramos y te amamos, vemos tanta belleza y gracia. Somos optimistas y podemos convencerte de que veas a tu yo del ego como un regalo de Dios, especial y perfectamente diseñado para ilustrar el Amor Divino a través de tu personalidad.

Cuando le aseguras a tu ego que tu personalidad es atractiva y digna, tu ego sonríe como el niño del cuento. El ego dice: "Soy yo, todos son dibujos de mí mismo". A medida que amas a tu "yo", te integras con tu "yo soy" y juntos están unidos con Dios y con tu mundo. Permítete reconocer tu belleza y tus talentos. Date el regalo de saber que nadie más puede compararse contigo, porque realmente tú eres lo más hermoso.

 Yo soy hermoso

Respira profundamente y exhala lentamente. Mientras te miras en el espejo, imagínate en un escenario bajo un foco brillante vistiendo tu mejor color. El público está lleno de rostros de tu auténtico yo y todos te aclaman. El aplauso es ensordecedor y, mientras las flores caen a tus pies, sonríes, respiras y repites: "¡Soy muy hermoso!".

Mensaje 25

SANAR LA ADICCIÓN

*L*a adicción se origina del anhelo de ser uno con Dios. Solo el Amor Divino puede llenar tu corazón, Alma y mente con plenitud y alegría. Los humanos han intentado todo lo imaginable para llenar el vacío creado por la separación de Dios. Han intentado con drogas, trabajo, sexo, relaciones, sacrificio, entretenimiento, dinero, y la lista continúa, de falsos sustitutos del Amor Divino. Estas "medicinas" no duran y entonces buscan probar más de lo que no funciona. Si alguien a quien amas elige beber para acallar los sentimientos en su interior, en lugar de venir a juzgar, busca en tu interior tus propias estrategias de evasión. ¿Cómo escapas de la voz persistente que te habla de tu miseria, de tu propia insuficiencia? Las personas con adicciones intentan sobrevivir a su miseria.

La cura de la adicción consiste en encontrar el valor para enfrentarse al miedo principal, el miedo más profundo que impulsa la dependencia de algo externo. Este es el miedo al abandono. Sin tu miedo a la pérdida, serías libre para dejar que tu Alma te guíe en la realización de los deseos de tu corazón.

El centro de desintoxicación de los Ángeles está siempre abierto. Cuando entres en nuestra casa, te llenaremos de amor y te mostraremos gentilmente que no estás solo. A medida que recuerdas tu unidad con Madre y Padre Dios, automáticamente sueltas las muletas químicas, materiales y de relación que has necesitado desesperadamente. La raíz de tu adicción proviene de la creencia de que fuiste abandonado por el Amor Divino y ninguna sustancia terrenal puede sustituirlo. Curar la adicción es sencillo porque solo hay una cura: la unidad con tu ser Divino.

Sé lo suficientemente valiente como para pedir nuestra ayuda y comenzaremos nuestro tratamiento con el amor sanador de Dios. Queremos celebrar tu recuperación y la de todas las personas de tu planeta, presentes, pasadas y futuras. ¡El Cielo en la Tierra es nuestra promesa y los Ángeles siempre cumplen sus promesas!

 ## *Restaurarte*

Respira profundamente y exhala lentamente. Mírate a ti mismo como un árbol y tus piernas y pies son tus raíces. Pide al arcángel Miguel que venga a cortar el árbol, que eres tú. Él toma las raíces y las baña en luz violeta, la energía de Dios de transformación y perdón. Con la parte superior del árbol, que eres tú, coloca el tronco y las ramas en la cálida luz color rojo rubí, el fuego del amor y la compasión de la Madre Dios. Mientras sientes que tus partes de árbol se empapan de los colores, repite estas palabras: "Yo soy uno con Dios, con todo mi Árbol de la Vida". Miguel te volverá a ensamblar y entonces te verás como un árbol fuerte y sano de luz dorada y verde. Imagina que el árbol crece y toca el sol. Ve tus raíces creciendo profundamente en la Tierra y tocando el cálido centro del corazón de la Madre Tierra. Permite que la energía del Padre Sol y de la Madre Tierra te restauren. Una vez que te sientas fuerte, enraizado y en paz, repite: "Me perdono a mí mismo. Me amo a mí mismo. Me respeto a mí mismo. Estoy agradecido y feliz de estar reunido con mi yo divino, ahora".

Mensaje 26
EL HIJO DE DIOS

*D*esde el principio, tu corazón ha permanecido en el corazón de tu Madre y Padre Dios. Mientras crecías de dos células a un feto, a un bebé y a un adulto, abrazos amorosos fluyeron desde el centro de Dios hacia tu centro. Dentro de tu corazón vive un pequeño niño lleno de Amor Divino y él está esperando para compartir toda esta abundancia contigo. Cualquier abuso, negligencia o dificultad que hayas sufrido a lo largo de tu vida cubre al pequeño niño dentro de tu corazón.

Deseamos mostrarte cómo levantar la cubierta de dolor de tu corazón para que puedas sentir todo el amor que te has estado perdiendo, todo el amor que has estado esperando. El Niño Divino dentro de tu corazón es una voz para tu subconsciente, para el pasado que has olvidado. El Niño Divino es la puerta a la comunicación directa con tu SobreAlma, siempre guiándote desde el Cielo.

Los Ángeles se especializan en ayudar a los humanos a encontrar sus corazones rotos, repararlos y transformarlos en algo nuevo. Estamos aquí para enseñarte a amar al niño que llevas dentro como Dios te ama, como hijo único. No es necesario que vuelvas a visitar el pasado; simplemente levanta la tapa y encuentra al Niño de Dios descansando pacíficamente en el generoso regazo de amor eterno de Madre y Padre Dios. Acompáñanos. Tenemos a alguien que deseamos que conozcas. Quiere jugar contigo y enseñarte los milagros del Cielo. Conoce todos los sueños de tu futuro y es la magia que puede hacerlos realidad para ti.

 Encuentro con el niño interior

Respira lenta y profundamente. Cierra los ojos y mírate a ti mismo entrando en un túnel hecho de hermosas piedras de todas las formas y colores. El túnel conduce a un océano de luz de color verde esmeralda. Al entrar en la luz verde, busca una concha de ostra de color coral y ábrela. Dentro vive el Niño Divino, el niño de tu corazón.

El Niño Divino podría necesitar una suave ducha con gotas de lluvia de fuego violeta para lavar el viejo dolor.

Cuando el Niño Divino esté libre, juega, juega y juega en la luz verde. Disfruta y trata de visitar a este Niño mágico cada día. ¡Tu yo divino tiene mucho que contarte!

Mensaje 27

LIMPIAR EL HOGAR

*L*os seres humanos tienen una gran capacidad de almacenamiento para aferrarse a viejos sentimientos porque no entienden cómo dejar ir el dolor. Las emociones dolorosas deben ser eliminadas del cuerpo mental y emocional, o su energía será absorbida por las células de tu cuerpo físico. Es instintivo que te resistas a procesar los sentimientos dolorosos porque intentas protegerte del miedo a que te vuelvan a hacer daño.

Frecuentemente, el yo del ego te convence de olvidar o ignorar la experiencia y, a menudo, sigues atrayendo nuevas experiencias que traen los mismos sentimientos que intentaste ignorar. Los sentimientos abandonados se filtrarán como residuos tóxicos hasta que se transformen completamente en perdón y amor. Por ejemplo, cuando tus ideas o sentimientos son rechazados por alguien que te importa, esta decepción abre la bóveda de la memoria celular de cualquier momento de tu pasado en el que te hayas sentido poco apreciado. El yo de la sombra se aferra al dolor y envía la creencia de que seguirás experimentando más rechazo en el futuro.

Las experiencias dolorosas no resueltas y el miedo a que se repitan crean una separación entre tú y tu yo superior.

Deseamos que experimentes sentimientos de alegría y creemos que tu vida continuará mejorando y abriéndose. Saber que Madre y Padre Dios viven dentro de ti y a tu alrededor es esencial para crear los milagros del Cielo en tu vida. Nosotros, los reinos de los Ángeles, te ofrecemos nuestros servicios de limpieza. Somos eficientes, corteses y fiables y sabemos dónde se esconden las telarañas.

 Limpieza angelical del hogar

Cierra los ojos y respira profunda y lentamente. Imagínate entrando en una piscina burbujeante de fuego violeta. Mientras te sumerges en el fuego de ese color, imagina que todo tu recipiente, mental, emocional y físico, es una esponja gigante saturada de viejas emociones. Pide a tu Ángel Guardián que venga a escurrir la esponja. Cuando la esponja esté vacía, absorbe más fuego violeta en cada uno de tus poros y vuelve a pedir a tu Ángel que la escurra. Continúa todo el tiempo que quieras y puede que te resulte útil concentrarte en ciertos sentimientos o experiencias. Una vez que esté todo limpio, verás o sentirás que el agua violeta ha cambiado a un color blanco-dorado. Esta es la energía de recarga del Amor Divino. ¡Absorbe el amor y comienza tu vida de nuevo!

Mensaje 28

AMAR A TUS MASCOTAS

*L*as mascotas son Ángeles de la Naturaleza que dedican su vida a ayudar a los humanos en la sanación de su ser emocional. Los animales y las plantas, e incluso las mascotas inanimadas, absorben el estrés y el miedo por ti y están constantemente transmitiendo mensajes de los Ángeles y de Madre y Padre Dios. Los animales, tanto domésticos como salvajes, trabajan diligentemente para ayudar a limpiar y transformar la energía negativa generada por el pensamiento temeroso en amor y bondad.

Las ratas de ciudad tienen una gran responsabilidad, por lo que esperamos que les envíes un poco de gratitud. Absorben la basura emocional generada por el derroche de pensamientos y los sentimientos desechados. En comparación, los perros y gatos de las casas absorben el estrés y la tensión del ambiente doméstico.

Las mascotas de tu familia son sensibles a tus pensamientos y sentimientos y te devolverán como un espejo lo que tú no ves. Por ejemplo, los gatos son una metáfora de los sentimientos, ya que son felinos. Si a tu gato le gusta sentarse en medio de tus papeles de trabajo, quizás necesites prestar un poco de atención a tus sentimientos. Cuando busques una guía divina desde una perspectiva terrenal, habla con tu mascota, con la fauna de tu vecindario o con los animales del zoológico. Hablar con los animales y las plantas requiere una escucha concentrada.

Tus mascotas entienden cada palabra que les dices y pueden escuchar cada pensamiento que tienes. Puede que no siempre elijan escucharte, al igual que tú no siempre eliges escucharlos a ellos o a tu yo superior. Estamos contentos de tener la oportunidad de enseñarte cómo comunicarte con el mundo de los Ángeles de la Naturaleza que viven contigo y a tu alrededor. ¡Da las gracias por la Creación de Dios, y la Creación de Dios te dará las gracias a ti!

Charla con tu mascota

Siéntate cómodamente con tu mascota y pregúntale si es un buen momento para charlar. La mascota te dará una señal de sí o no. Envía energía de amor directamente desde tu corazón y siente la vibración de amor que te devuelve. Haz una pregunta a tu mascota. La respuesta llegará a través de tu propio pensamiento, ya que los animales se comunican telepáticamente y, en la mayoría de los casos, enviando imágenes mentales. ¡Cuanto más practiques la comunicación con tu mascota, más fácil te resultará!

Mensaje 29
LAS CLAVES DE LOS ÁNGELES PARA EL ÉXITO

*L*os Ángeles tenemos éxito con nuestro trabajo de realizar milagros porque realmente creemos en lo que estamos haciendo. Sabemos, sin lugar a duda, que estamos trabajando por la máxima felicidad y bienestar de todos. Amamos nuestro trabajo, ya que nos trae una gran alegría y por eso no tenemos nada de qué quejarnos.

Nuestra primera clave para el éxito es escuchar a tu corazón en todo momento y seguir tu verdad.

Nuestra segunda clave es dejar de quejarse y de poner excusas de por qué no puedes seguir a tu corazón.

Nuestra tercera clave es permitirte recibir por todo lo que das y pedir que este intercambio sea equilibrado.

Nuestra cuarta clave es recordar que todo el dinero viene de Madre y Padre Dios, pues Dios es la fuente de tu salario.

Nuestra quinta clave es permitirte expresar tus talentos creativos y compartir los regalos de Dios con el mundo.

Todo el mundo quiere lo que tienes para compartir, así que si disfrutas de tu oficio, continúa. Si te sientes mal en lo que haces, pregúntate por qué te obligas a hacer un trabajo que compromete tu integridad.

La sexta clave es saber de qué eres responsable y permitir que otros hagan su propio trabajo, incluso si crees que puedes hacerlo mejor.

Nuestra última clave, la número siete, es pedir ayuda a los Ángeles a lo largo del día. Para cada concepto creativo, un Ángel **Deva** está listo para ayudarte a manifestarlo aquí en la Tierra. A los Ángeles les encanta limar las asperezas, cortar la burocracia y traer la verdad y la justicia a la luz para que todos la vean.

Sirve desde tu corazón y pide conocer cómo tu trabajo diario contribuye a la humanidad. Cuando tienes un sentido de propósito divino, ¡tu éxito es seguro y celestial!

Llenarte de éxito

Exhala cualquier estrés en tu mente y cuerpo. Inhala amorosa bondad en una suave luz dorada. Registra mentalmente todas las razones por las que no puedes tener éxito haciendo lo que tu corazón desea. Incluye cualquier vieja creencia o temor familiar y los temores relacionados con el soporte financiero. Visualízate quemando la lista en el fuego violeta de Dios de la transformación y el perdón y repite: "Yo soy libre de ser quien soy". Ahora, visualízate totalmente inmerso en una brillante luz turquesa. El turquesa es el fuego angelical del éxito y esta energía ayuda a liberar tu fuerza de voluntad divina, tu valentía y tu valía. Repite: "¡Soy fama y fortuna por el mayor bienestar de todos los implicados!".

Mensaje 30
RESTAURACIÓN

*A*los seres humanos se les ha enseñado durante mucho tiempo a sacrificar sus necesidades por las necesidades, deseos y exigencias de los demás. El sacrificio conlleva la negación del yo, de los sentimientos y de la conexión con Dios. Cuando se descuida el ser humano, el agotamiento y la eventual enfermedad pueden invadir el cuerpo emocional y físico.

Para restaurar tu recipiente, los Ángeles recomiendan que empieces por permitirte sentir. Los sentimientos pueden mostrar que crees que eres menos poderoso o menos digno que otro. Todos los sentimientos son sagrados porque tu ser emocional está directamente conectado con el cuerpo espiritual. Conectarse con el espíritu únicamente a través de la mente masculina del pensamiento no funciona eficazmente. La fuerza Divina Femenina es igualmente importante para tu planeta, lo que significa que la energía emocional de la Madre Dios necesita equilibrarse con la energía del pensamiento del Padre Dios en la Tierra. Conectarse con el espíritu desde el pensamiento puro (Divinidad Masculina) y el sentimiento claro (Divinidad Femenina) te permite experimentar la mayor sanación.

En épocas pasadas, los estudiantes de la iluminación espiritual podían expandir su capacidad intuitiva solo con el pensamiento. Ahora, en la era del Cielo en la Tierra, todos los estudiantes se expanden experimentando sus sentimientos y equilibrando la emoción con el intelecto. La Unidad íntima con Madre y Padre Dios ocurre cuando pones a Dios en primer lugar en tu vida cotidiana; esto significa nutrir todo tu recipiente respetando tus sentimientos.

Te recordamos que el sacrificio y la negación de los sentimientos son respuestas naturales para ti. Estamos en tu vida para ayudarte a sanar cada aspecto de ti mismo. Invócanos y te mostraremos cómo permitir que Dios, a través de tu propio centro, te guíe y te nutra. Solo cuando estás lleno podrás dar a los demás. Si estás vacío, no tienes nada que ofrecer. Te invitamos a experimentar la restauración angelical. Es como visitar un santuario de sanación en tu interior.

 ### Santuario de los Ángeles

Empieza a respirar profundamente y exhalar lentamente. Visualízate tumbado en un lecho de musgo verde esmeralda, suave y espeso. Los Ángeles **Querubines** vienen y te ofrecen una bebida refrescante de la gran copa de amor. Beber la hermosa energía rubí te restaurará completamente con el amor incondicional de la Madre Dios. Permite que la luz verde de la sanación, fluyendo hacia ti desde el suave musgo verde, y la energía rubí, el amor de la Madre Divina, te saturen completamente por dentro y por fuera. Repite: "Absorbo amor, amor y más amor". Invita a tus sentimientos a salir de lo más profundo de tu ser, escucha, libera y restaura.

Mensaje 31

CRIAR A LOS HIJOS

*E*l ser humano individual merece la libertad de *ser*. La crianza consiste en crear un espacio sagrado para que los hijos crezcan y descubran su potencial divino. Toda persona quiere ser atendida, escuchada y amada por lo que es, no solo por lo que da. Te pedimos que recuerdes con un corazón compasivo que el verdadero deseo de cada persona es: "Por favor, cuida de mí". Independientemente de si eres la persona más libre y valiente, o si no puedes salir de casa sin estar debidamente equipado para todo tipo de clima y un compañero a tu lado, deseas con todo tu corazón ser cuidado y protegido por padres cariñosos.

Los Ángeles somos padres que estamos disponibles en todo momento y en todas las situaciones, porque nunca sufrimos dolores de cabeza o de espalda. Los niños de todas las edades necesitan nuestra cariñosa crianza, por lo que ofrecemos nuestra completa devoción a ti y a tu familia.

Cuando estés agotado y necesites consuelo y no encuentres una niñera, recurre a nosotros. Vendremos a apoyarte mientras cuidas a tu hijo. Te ayudaremos a liberar el estrés, la preocupación y la carga de sentirte abrumado por la vida. Los padres humanos se convierten en maestros más sanos y más sabios cuando permiten que sus Ángeles y Guías sean madres y padres para ellos. Te demostraremos con alegría que no estás solo. Todos los niños son hijos de Madre y Padre Dios y el amor de Dios puede proporcionar todo el apoyo que necesitas y deseas tanto espiritual como físicamente.

Sean padres sabios y cariñosos y den a sus hijos espacio para crecer. Aliéntenlos a recordar que, como Dios vive dentro de ellos, deben tratarse a sí mismos con muchísimo respeto y esto también va para ti. ¡Disfruta de ser un niño durante toda tu vida y ten en cuenta que te estamos protegiendo y amando siempre!

Amor de los Ángeles

Respira profundamente y exhala lentamente. Cierra los ojos y visualízate acurrucado junto a tu Ángel Guardián. Estás descansando en un exuberante sofá de terciopelo rojo rubí, y la almohada es la almohada perfecta. Respira el suave color rojo del terciopelo y siente la tela con tus manos. Repite: "Soy el hijo amado de Madre y Padre Dios". Mientras rejuveneces, puedes desear que tus hijos vengan a descansar contigo. El sofá rubí del Espíritu Santo de la Madre Dios crecerá tanto como lo necesites y descubrirás que hay espacio suficiente para varias generaciones. ¡Disfruta, relájate y empápate del amor y la protección de tus padres Ángeles!

Mensaje 32

ENTENDER LA VIOLENCIA

*L*a violencia proviene de la ira reprimida y la ira proviene de sentirse engañado, rechazado, abandonado e indigno. Los Ángeles creen que la ira puede ser tu mayor emoción, ya que no se hacen verdaderos cambios hasta que se está enfadado. Sin embargo, cuando el ser humano se siente triste, culpable, deprimido, avergonzado o solo, la situación suele tolerarse hasta que llega la ira. La ira hace que el ser humano cambie por dentro y por fuera. Cuando la ira se expresa con violencia, pueden producirse graves daños, pero cuando la vibración de la ira se eleva a la vibración de la volición y de la acción inspirada por el Alma, puede producirse un cambio saludable para el mayor bienestar de todos los implicados.

La violencia física es una reacción al sentimiento de impotencia, por lo que los Doce Arcángeles del Alma Central te ofrecen una nueva fuente de poder. Cambia tus armas por el poder de los Ángeles, la energía de los Ángeles que es todopoderosa y amorosa al mismo tiempo. Te sugerimos que cuando hayas soportado todo lo que puedas, cuando sientas que has sido víctima de las acciones de otro durante demasiado tiempo, nos pidas que te ayudemos a establecer límites. Pregúntate si la situación te resulta familiar a algo que hayas vivido de niño. Si la respuesta es afirmativa, viaja con nosotros a tu pasado y lava toda la escena (hasta que desaparezca) en tu mente, usando una manguera de Ángel que rocía el fuego violeta de Dios de transformación y perdón.

Mientras permites que la luz violeta inunde la memoria, el pasado se transforma en amor y libertad para tu presente. Si la situación es una con la que estás luchando ahora, rocía de nuevo el agua limpiadora de fuego violeta sobre todas las personas a las que has permitido violar tu espacio sagrado. Utilizar el color violeta para limpiar experiencias dolorosas favorece la transformación instantánea. Cuando utilizas el fuego violeta para limpiar a otra persona, la energía limpia automáticamente tu recipiente de toda energía negativa también. La energía de los Ángeles es amor y el amor cura todas las heridas. Verás cambios inmediatos en tu mundo exterior y te sentirás libre de los traumas del pasado que sigues arrastrando.

La libertad es tuya. No te límites a reaccionar ante la violencia del cuerpo, la mente, el corazón y el espíritu. ¡Haz algo al respecto!

✿ Liberando el trauma

Respira lenta y profundamente. Exhala suavemente. Repite hasta que te sientas tranquilo. Cierra los ojos y observa delante de ti un gran cubo de pintura lleno de luz púrpura y una brocha preparada para esparcir este fuego violeta. También tienes a mano el láser de luz azul zafiro del arcángel Miguel, que atraviesa la ilusión y permite que la verdad y la conciencia brillen. Piensa en alguien con quien estés enfadado, alguien que te haya herido y que no hayas podido liberar del todo la experiencia. Pinta a la persona que te hirió con fuego violeta hasta que se disuelva en la energía de la transformación y el perdón de los Ángeles. Imagina que la escena del pasado es un cuadro y atraviésalo con el láser zafiro de Miguel hasta que sientas que tu pecho se abre y se expande. Sigue respirando y, mientras sueltas el pasado que te persigue, repite: "Soy libre. Estoy a salvo. ¡Estoy protegido y elijo vivir!". Cuando te sientas completo, pregúntale a tu yo superior y a tus Ángeles cómo establecer límites saludables para ti en el futuro. ¡Bienvenido a la libertad y al amor!

Mensaje 33

ENAMORARTE DE TI MISMO

*E*l día que nos conocimos, me enamoré de ti. Soy tu Ángel, soy tu Guía y protector. Cuando te conectas conmigo y me das las gracias, es tu yo superior el que descubres. Los seres humanos, los Ángeles y las personas amables y cariñosas que encuentras en el camino a tu hogar, todos reflejan el amor que estalla dentro de tu corazón, el amor que sientes por ti. El Cielo canta contigo con cada apertura de tu corazón. A medida que te abres a enamorarte de otro, de Dios y de la vida, el Cielo y la Tierra se acercan un poco más.

Estamos encantados de ayudarte a enamorarte en cada momento de tu día. Los sentimientos de euforia nos dicen que estás empezando a entender quién es Dios y quién eres tú. Celebra el matrimonio sagrado entre tú y tu corazón y el amor seguirá encontrándote.

Para que tu cuento de hadas se haga realidad, primero debes enamorarte de ti; luego vendrá tu príncipe, princesa, rey o reina, pues así es ley divina. La Unidad es un descubrimiento precioso y cuando abres tu corazón a ti mismo y luego a otro, la Unidad sucede. Sé valiente y pídenos que te ayudemos a crear la Unidad con tu propia mente, corazón, cuerpo y Alma y, entonces, la verdadera felicidad será tuya cuando encuentres a tu compañero divino.

Nunca te conformes con menos de lo que mereces, el amor verdadero, el más verdadero. Busca tu belleza reflejada en los ojos de todos los que admiras y recuerda que soy tu Ángel y que, juntos, celebraremos para siempre.

 Fusión esmeralda y dorada

Exhala cualquier miedo en tu cuerpo e inhala el amor. Cierra los ojos y ve a tu corazón enviando la exquisita luz verde esmeralda del amor. Permite que el amor fluya hasta que estés inmerso en la luz verde. Desde arriba de tu cabeza, la brillante luz blanca y dorada del

Amor Divino comienza a fluir y a arremolinarse con la luz de amor de tu corazón. Repite: "Yo soy la Unidad. Yo soy la Unidad. Yo soy la Unidad".

Disfruta, y recuerda: vale la pena esperar por el verdadero amor.

Mensaje 34

LA MADRE Y EL PADRE

Dentro de tu centro vive Dios. Dios es tanto Madre (Emoción Divina) como Padre (Pensamiento Divino). Cuando estás completamente conectado con tu Madre y Padre Divino, puedes expresar plenamente el poder y el amor de Dios en tu vida cotidiana en la Tierra. Nosotros, los reinos de los Ángeles, creemos que ahora es el momento para que la humanidad piense y sienta desde el centro del corazón. Para elevar la vibración de tus pensamientos a su más alta pureza, comienza por prestar atención a lo que estás pensando.

Cuando los pensamientos negativos o temerosos lleguen a tu conciencia, infúndelos con fuego violeta y transfórmalos en amor. Para abrirte al poder liberador de la Emoción Divina, te pedimos que tengas la intención voluntaria de experimentar tus sentimientos sin juzgarlos ni reaccionar negativamente. El poder superior de la emoción, junto con el pensamiento puro, te mantiene en tu centro del corazón, el lugar de la confianza, la fe y la Unidad con el Universo.

A medida que aprendes a vivir desde tu corazón, aprendes a convertirte en tu propia madre y tu propio padre amoroso. Te enseñaremos a limpiar la vieja energía masculina (energía del pensamiento) y la vieja energía femenina (energía emocional) para dejar espacio a lo divino. Disfruta de tu nueva conciencia y recuerda que la alegría es contagiosa. Te vemos compartiendo tu nueva actitud positiva con todos los que conoces. La libertad y la alegría continua son tuyas cuando piensas y sientes desde el espacio sagrado de tu corazón.

En el siguiente ejercicio de imágenes utilizamos un armario o ropero como símbolo de lo que está perdido u oculto en tu conciencia. Los hombres dormidos simbolizan viejos patrones de pensamiento negativos y limitantes y conceptos desgastados de cómo debe vivirse la vida. Las mujeres y los niños dormidos son metáforas de las emociones reprimidas y absorbidas procedentes de otras personas. Limpiar el armario con la energía de los Ángeles representa la liberación de lo viejo y la realización con el Amor Divino.

 ## Limpieza del armario

Respira profundamente y exhala lentamente. Visualízate transformándote en un enorme armario con puertas en la parte delantera y trasera. Abre la puerta del frente y busca dentro a los hombres que duermen. Puede que parezcan enfermos, débiles o miserables. En tus manos tienes una manguera de bombero que rocía fuego violeta. Rocía a todos los hombres con luz violeta de transformación y perdón. Sigue rociando hasta que el armario esté completamente despejado. Ahora, imagina que caminas hacia el fondo del armario y abres la puerta trasera. Esta vez, tienes un reflector de fuego rojo rubí, y cuando ilumines con la luz a cualquier mujer o niño dormido, deprimido o enfermo, desaparecerá en el Espíritu Santo la luz sanadora del amor de la Madre Dios. Continúa hasta que la parte trasera del armario esté completamente despejada y repite: "Doy la bienvenida a mi Madre y Padre Divino para que vivan plenamente dentro de mí". Respira profundamente tres veces y repite: "Somos uno, yo soy uno con Madre y Padre Dios".

Mensaje 35

ENCUENTRO CON TUS ÁNGELES GUARDIANES

*L*os Ángeles Guardianes trabajan constantemente para abrir tu corazón, tu mente y la visión de tu vida. El potencial humano nos asombra y estamos decididos a conducirte a tu más alto y alegre potencial. Estamos dentro de ti y a tu alrededor, recordándote que eres un hijo de Dios. Te hablamos en los sucesos, eventos y acontecimientos de tu realidad mundana. Dondequiera que mires, puedes encontrar un mensaje angelical de sabiduría justo bajo tu nariz. Te enseñamos a través de tu mundo exterior y a través de los rostros y las experiencias de vida de todo aquello que encuentras.

Los Ángeles nos dedicamos a ayudar a los humanos en su viaje, por eso los llamamos a abrir sus mentes, sus corazones y sus recipientes a nuestro amor. Cuando pides nuestra ayuda, ¡respondemos!

El ser humano no tiene el control y a menudo te mostramos que el alivio llega en el tiempo y en la forma de manifestación de Dios. Los Ángeles Guardianes te ayudamos a renunciar al control para confiar y tener fe. Estamos aquí para recordarte, tan a menudo como sea necesario, que Dios te mantiene a salvo y te da todo lo que necesitas.

Te recomendamos que no pases tu tiempo de quietud tratando de vernos o de oírnos hablar en largas conversaciones. Más bien, descúbrenos abriendo tu vida a los resultados, los cambios tan esperados y las acciones por tu mayor bienestar. Cuando el miedo venga a visitarte, respira y recuerda que estamos presentes. Enfrenta tu miedo y deja ir lo que temes perder. Entrégate al amor de Dios y escucha los pasos para resolver el problema. Tu ser divino te dirigirá. Observa cómo cambia tu realidad y todo vuelve a estar bien. Los Ángeles no están en la Tierra para traer la felicidad de la manera que tu ego espera que aparezca. La expectativa del ego es a menudo demasiado limitada en comparación con lo que puedes recibir con tu corazón. Estamos aquí para recordarte que debes vivir desde tu corazón y centrarte en el momento presente. Vivir en el presente, sin aferrarse al pasado ni tratar de predecir constantemente el futuro, te traerá alegría y libertad eterna. ¡Ven, te lo mostraremos!

 ### *El abrazo del Ángel*

Cierra los ojos y respira. Observa una exquisita luz dorada girando suavemente a tu alrededor, elevándote y llenándote de amor. Permite que esta luz dorada limpie cualquier pensamiento negativo o resentimiento pegajoso de tu día. Ábrete y repite: "Ángeles Guardianes, estoy listo para jugar". Recuerda, somos luz y música, respondemos en acción. Solo tienes que estar con nosotros y saber que somos reales. Dinos lo que deseas, lo que necesitas y dónde necesitas consuelo. ¡Respira y siente cómo nos conectamos contigo, amándote como nunca antes has sido amado!

Mensaje 36
LA LEY DE LA ATRACCIÓN

*A*lgo bastante milagroso sucede cuando te permites experimentar la vida desde el centro del corazón. El centro del corazón es el hogar de Dios dentro de ti y, cuando vives desde este hogar, la vida fluye con pacífica serenidad. ¿Cómo es posible que la vida en la Tierra sea tranquila y alegre?

El hogar de Dios dentro de tu corazón tiene puertas y ventanas impermeables al miedo y al apego. Las deudas, el dolor y las heridas no pueden entrar en este hogar, aunque las soluciones se encuentran a menudo justo tras la puerta, en la repisa de la ventana.

Como hijo de Dios, tienes el poder de atraer hacia ti todo lo que necesitas, esto es la divina ley de atracción. Te mostraremos cómo trabajar con esta ley, pero tendrás que renunciar al control. El control detiene la magia.

Cuando estés preparado para que tu oración sea respondida, atraerás la experiencia, la relación, las circunstancias, la oportunidad profesional o la ayuda a tu campo energético de manera directa.

Cuando no estás preparado, pero tu ego cree que lo estás, puedes intentar forzar lo que deseas de todas las maneras posibles y aun así seguirás sin estar preparado. Aprender a ceder en cuanto al tiempo de recepción de lo que has pedido, es otra lección que aprenderás cuando vivas en el hogar de Dios. La resistencia a entregarse a la voluntad de Dios crea conflictos internos y externos. Seguirás aprendiendo que Dios siempre gana y que el control del ego siempre cede al final. Los Ángeles están presentes para mostrarte lo que realmente estás dispuesto a atraer a tu experiencia humana, pues a menudo es maravilloso y te traerá gran alegría. Juntos, rompiendo tu resistencia a la entrega y atrayendo, sin esfuerzo, los milagros para los que estás preparado, puedes ser un ser humano muy satisfecho. Atrae desde tu ser divino y experimenta la sensación del hogar, dulce hogar.

La verdad

Visualízate de pie en una lluvia de luz azul zafiro de la verdad del arcángel Miguel. Invita a esta luz a lavar todas las ataduras que tu yo del ego y de la sombra te han hecho creer sobre tu vida. Observa cómo la luz azul llena tu garganta y recorre todo tu cuerpo. Pide el milagro de hablar tu verdad, sentir tu verdad, conocer tu verdad y vivir tu verdad. Observa cómo la resistencia a ser tu yo más auténtico se va por el desagüe entre la suciedad y las burbujas de jabón y repite: "Atraigo, sin esfuerzo, todo lo que necesito para vivir mi vida más feliz, ahora".

Mensaje 37
CREER EN MILAGROS

*E*xperimentar milagros requiere confiar en que tus Ángeles están escuchando en todo momento y en todas las situaciones. Un milagro no siempre se ajusta a las expectativas de tu ego. ¿Te das cuenta de que todo buen fracaso es en realidad un milagro disfrazado? Todo depende de cómo elijas entender y afrontar la decepción. Cuando tus objetivos buscan lograr tu mayor bienestar, se manifiestan en el tiempo y a la manera de Dios. Si el gran éxito con el que soñabas se convierte en polvo ante tus ojos, te decimos: ¡observa el polvo!

Observa y ve qué pasiones creativas y nuevas direcciones surgen de la muerte de lo que no debía ser y abraza el milagro que nace de la pérdida. Desde nuestra perspectiva, el ego a menudo busca el camino fácil, y el camino fácil es un camino vacío. El Alma dice que elijas el camino que desafía tus cómodas rutinas porque este es el camino bendecido con milagros y prosperidad. Con cada desafío, Madre y Padre Dios te bendicen con un milagro para superar el desafío, aprender de él y evolucionar. Estás aquí para expresar la creatividad y las pasiones de tu Alma y es a través del Alma, no del ego, que eres guiado hacia un mayor éxito y felicidad. Al ego no le gusta el cambio porque quiere sentirse seguro y en control, y el control bloquea el flujo de recepción de los milagros de bendiciones y abundancia de Dios.

El ego puede o no reconocer que tiene miedo de ser real y verdadero; sin embargo, el Alma lo sabe. El Alma llama a los Ángeles Guardianes y a los Doce Arcángeles del Alma Central y les dice: "¡Ángeles, tenemos un testarudo aquí!". Los Ángeles responden inmediatamente orquestando milagros de ayuda y nuevas oportunidades, lo que el ego ve como buena suerte. Te pedimos que ames a tu ego y seas compasivo porque el ego tiene miedo a lo desconocido y se siente constantemente insuficiente. Es lo que hace el ego y por eso los milagros siempre llegarán cuando más los necesites, sin importar su estado de ánimo.

Deja de pensar en cómo puede ser el milagro o de dónde puede venir. Solo confía en que eres total y completamente amado por la Unidad Divina.

Tus Ángeles nunca te decepcionarán. Déjate llevar, entrégate y cree incluso cuando tu ego no quiera creer. Ah, y pide un milagro cuando quieras o necesites uno. Es seguro pedirlo. No puedes bloquear un milagro, nunca. Dios te los envía y Dios *está* a cargo.

Bailando en el Cielo

Exhala e inhala. Con la exhalación, repite "Fuera el miedo". Con la inhalación, repite: "Dentro el amor". Continúa respirando y recitando, "Fuera el miedo, dentro el amor", hasta que te sientas menos ansioso. Mírate a ti mismo atravesando una gran puerta púrpura y entrando en un frondoso pasto verde esmeralda. Ve y siente a los Ángeles Mariposa bailando a tu alrededor. Mira sus caras y sus preciosas alas multicolores, siente sus suaves besos en tus mejillas y escucha sus encantadoras risas en tus oídos.

Baila con ellos y con el pequeño Niño Divino que vive dentro de tu corazón. Exhala el miedo, inhala el amor y siente la magia del Cielo. Repite: "Creo en los milagros. Creo en el amor. Creo en mí". ¡Disfruta!

Mensaje 38

SHABUNGI SOS

*E*l planeta Tierra es un lugar donde los seres humanos vienen a aprender a responsabilizarse de lo que piensan, hacen y sienten. Los humanos crean sus experiencias con el pensamiento y energía emocional. El **shabungi** es la energía negativa o de baja vibración que se crea con el pensamiento y se alimenta de la emoción. Lo que la mayoría de los seres humanos no saben es que las bajas vibraciones viajan a una vibración más alta para neutralizarse. Esto significa que, si una persona hace su trabajo para mantener su mente limpia de negatividad, presta atención a sus sentimientos y lidia con ellos, entonces puede convertirse en un imán de shabungi. ¡Puede atraer todas las vibraciones negativas de cientos, a veces miles, de kilómetros de distancia!

El shabungi también es absorbido por la Madre Tierra, que es un ser vivo y un gran Ángel. Una persona con una vibración más alta que el lugar donde se encuentra puede sacar el shabungi de la Tierra hacia su propio recipiente. Los animales también absorben el shabungi y las mascotas lo hacen por sus dueños. No recomendamos entrar en negación respecto al hecho de que estas bajas vibraciones están a tu alrededor porque ellas sí contribuyen a la enfermedad del cuerpo mental, emocional y físico. En cambio, te pedimos que *despiertes a la realidad del shabungi* y prestes atención a los pensamientos que corren por tu mente. Presta atención a lo que sientes en tu cuerpo porque es ahí donde se comunican las emociones. Por ejemplo, la ira puede aumentar tu pulso y tu ritmo cardíaco. La tristeza puede hacer que te sientas somnoliento y cansado. La felicidad puede darte energía, y la tranquilidad puede disolver nudos en los músculos y hacer que desaparezca ese molesto dolor de cabeza.

Mientras te haces más consciente de tus propios pensamientos y sentimientos, empezarás a ser consciente de las vibraciones de las personas que te rodean, así como de los lugares que visitas. El amor transforma la baja vibración en una vibración más alta y el amor no condicionado ayuda a transmutar el shabungi para todo el planeta. Invitamos a los seres humanos a que limpien los pensamientos negativos de sus mentes y, cuando tengan miedo, lo exhalen y se centren en el *amor*. Cuando te sientas enojado, culpable, obsesionado, ansioso, triste, resentido o perezoso, enfócate en donde sientas la contracción en tu cuerpo físico y respira amor en esta área hasta que sientas que la contracción se va y tu respiración regresa a la normalidad. Al permanecer consciente, prestas un gran servicio a la humanidad y cada vez que un Ángel te ve tratando de limpiar el shabungi de tu propio recipiente o de un área, ¡decenas de miles de Ángeles, Devas y Espíritus de la Naturaleza intervienen para ayudarte!

¡Agradecemos que limpies la contaminación shabungi donde la percibas! Agradecemos tu servicio y que hagas que el planeta Tierra sea más saludable para todos.

Limpiando shabungi

Empieza prestando atención a lo que sientes en tu cuerpo. ¿Sientes la respiración contraída? ¿Alguna zona de tu cuerpo se siente tensa o estresada? Observa cómo todo tu cuerpo se llena de fuego violeta, energía de transformación y perdón. Observa cómo este fuego sale de tus pies, palmas de tus manos y parte superior de tu cabeza. Concéntrate en el color púrpura hasta que todo lo que veas y sientas sea fuego violeta. Cuando tengas pensamientos negativos, quejumbrosos o temerosos, pide a tus Ángeles que envíen una ola de fuego violeta de amor y observa cómo la ola expulsa todo el shabungi de tu cabeza y cuerpo. Repite: "¡Yo elijo el amor!". Permite que la marea de fuego violeta inunde el espacio en el que te encuentras, se extienda más allá e incluya a tu ciudad, condado, estado, país y mundo.

Mensaje 39
EL AMOR Y EL MATRIMONIO

*L*os seres humanos se desarrollan más eficazmente a través de una relación íntima. Es la creación de una pareja, basada en el amor y la amistad, lo que permite que el niño herido y el yo salgan de su escondite bajo las escaleras del sótano. "Por fin hay alguien que me ama", grita el niño interior. Y el niño herido dice: "Pero ¿qué pasa si me hieren como me han herido antes, o me descuidan o abandonan? Será mejor que me haga este daño, esta negligencia y este abandono para acabar con ello, porque es a lo que estoy acostumbrado. Es lo que merezco". Los Ángeles y Guías del Cielo somos muy conscientes de cómo funciona la pareja en la Tierra y te decimos que cuanto más profundo e incondicional sea el amor entre dos personas, ¡mayor será la sanación! El amor, consistente y sin juicio, acelera la salida a la superficie de las creencias infantiles más heridas. Ambas partes de la pareja tendrán que apoyarse mutuamente cuando aflore alguna de estas creencias, como indignidad de ser amado, miedo al abandono, pérdida de control y expectativas de rechazo.

No estamos diciendo que todas las personas se casarán o que todas las personas deberían casarse. Estamos diciendo que hay una persona a la que puedes amar y te amará a cambio, si permites que esta persona venga a ti. Te mereces la sanación porque con la sanación del niño herido viene el éxito y la felicidad. No hay manera de evitar la purga de las viejas creencias facilitada por el amor real, a menos que hagas las maletas y huyas. Lamentablemente, esto es lo que muchas personas deciden hacer cuando por fin han encontrado el amor verdadero y de pronto se dan cuenta de que su amada pareja les recuerda a su propia madre o padre. Ante esto nosotros decimos: "¡Precisamente!". Tu niño interior necesita de tu amor, atención, reconocimiento y afecto. Si no lo tienes para tu propio niño, entonces no lo tienes para dar a tu pareja y viceversa. Llénate del Amor Divino de Madre y Padre Dios. Abre tu recipiente a la gran energía del Sol Central. Tu Creador siempre tiene un amor renovador para ti. Cuanto más amor recibas de la Fuente, más tendrás para el pequeño niño en tu interior y para tu pareja. Prepárate para alguna proyección de tus padres en la persona que amas y agradécele lo que te refleja. Deja que las viejas mentiras y el dolor vuelvan a Dios y ábrete a recibir más amor, conciencia y felicidad cada día.

No recomendamos los matrimonios cómodos en los que es fácil dormirse y existir como amigos causales que conviven bajo el mismo techo. Al contrario, te animamos a ti y a tu pareja a crecer y evolucionar juntos. Por favor, manténganse llenos de Amor Divino para que su relación rebose de pasión, afecto, complicidad, respeto mutuo y comprensión.

Bienvenido a la terapia matrimonial de los Doce Arcángeles

Exhala la ira, resentimiento o frustración que sientas por tu amado. Inspira amor y gratitud. Visualízate entrando por una hermosa puerta púrpura en el campo verde esmeralda de tu corazón. Mira a tu alrededor y siente el amor incondicional. Encuentra al Niño del Amor Divino dentro de tu corazón y pídele que traiga a todos los niños heridos escondidos dentro de tu recipiente. Llama a tu Divinidad Femenina y Masculina, así como a los Ángeles, Guías y seres queridos que están en el Cielo. Repite: "Les permito a *todos ustedes* que me amen a *mí*". Repítelo hasta que los niños heridos se disuelvan en el amor y se fusionen con el Niño Divino. Ahora estás listo para invitar a tu pareja y su pequeño niño a tu corazón. Envía amor verdadero a tu pareja y tu niño, abre y recibe su amor mientras fluye de vuelta hacia ti.

Mensaje 40
RESOLVER CONFLICTOS

*E*l conflicto interior entre el ego y el Alma, o entre el ego y el corazón, a menudo se manifiesta en tu realidad exterior como un problema a resolver con otra persona. También puedes descubrir tu conflicto interior reflejado en el problema de otra persona y preguntarte por qué tienes un deseo tan fuerte de rescatar a tu amigo y arreglar su problema.

La resolución de conflictos siempre requiere que mires dentro de ti para encontrar la raíz del problema. ¿Dónde se encuentra tu ego en conflicto con tu Alma? ¿Tu Alma te empuja a compartir tus dones con el mundo mientras el ego quiere quedarse en casa y esconderse bajo las sábanas? ¿Dónde está tu ego en conflicto con tu corazón? ¿Tu ego quiere tener el control y la razón mientras tu corazón te dice que perdones y cedas? Cuando tienes un conflicto con otra persona, lo más sabio es preguntar: "¿Qué necesito cambiar en *mi* vida?". Podría ser algo tan sencillo como que no quieres que tu energía se destine a alimentar el drama. Algunos seres humanos se alimentan del drama, mientras que otros no. Los Ángeles no vemos el drama como bueno o malo. Vemos que algunos de ustedes disfrutan discutiendo sus asuntos internos con otros, mientras otros prefieren procesar a solas.

Tanto si toleras más o menos crisis en tu vida, te preguntamos: "¿Eres un solucionador de problemas nato o un creador de problemas?". De cualquier manera, estás tratando de resolver algo que te preocupa de *ti* mismo. A menudo, la persona que crea problemas lo hace porque el niño herido de su interior está desesperado por recibir atención y quiere hacerse notar. La persona que resuelve los problemas probablemente tenga un niño herido en su interior que quiere ser necesitado, también está buscando atención y desea ser notado y sentirse valorado. Así que, tanto si creas el problema como si lo resuelves, el conflicto te muestra a un niño herido que busca amor. El niño herido es tu subconsciente y el subconsciente gobierna el ego desde abajo. Cuando el niño herido es escuchado y amado, tu ego se siente seguro y automáticamente se entrega a tu corazón y a tu Alma.

Esperamos que veas la gran importancia de los conflictos en tu vida, incluso si no ocurren a menudo en tu propia vida, pero se reflejan en las vidas de los que te rodean. Te pedimos que prestes atención y seas consciente de tus sentimientos y que te tomes un momento para amar al niño herido en tu interior. El amor incondicional trae la resolución de todos los conflictos internos. Una vez que el conflicto se resuelve en tu interior, a menudo puede resolverse mediante una comunicación abierta y honesta con otra persona. Si la otra persona no está dispuesta a asumir la responsabilidad de sus sentimientos o su comportamiento, entrégala al cuidado de los Ángeles. Lo más importante es que cuanto más escuches tus sentimientos y asumas plena responsabilidad por ellos, menos problemas experimentarás en tu día a día.

Resolución de conflictos

Respira profundamente. Exhala el miedo e inhala el amor hasta que te sientas tranquilo y centrado. Siente el conflicto en tus entrañas y medítalo en tu mente. Obsérvate escribiendo un título para tu conflicto en una pizarra. Pon el título e incluye el tema del desacuerdo y los nombres de los implicados. Ahora, añade en la pizarra las palabras clave que describen cómo te sientes. Toma un borrador de fuego violeta y borra todos tus sentimientos y pensamientos sobre el conflicto. Sigue observando hasta que aparezca en la pizarra la respuesta para resolver el conflicto.

Mensaje 41

LA LEY "COMO ES ADENTRO, ES AFUERA"

*B*ienvenido a la escuela de la Tierra para aprender a utilizar su antigua magia. Todo lo que necesitas para pasar cada prueba y elevar tu conciencia está justo delante de ti. Los seres humanos crean su realidad con sus pensamientos y creencias y cuando es el momento de que una vieja mentira muera, puedes estar seguro de que se presentará ante ti a través de tu entorno, como por arte de magia.

Supongamos que necesitas encontrar empleo, pero no sabes qué dirección tomar. Puedes estar seguro de que aparecerá en tu vida alguien que describe exactamente lo que necesitas para trabajar. Puede que no lo reconozcas inmediatamente, sobre todo si el ego se resiste a lo evidente. Digamos que tienes un don como escritor, pero no has estado escribiendo debido a varias razones y distracciones. Esta magia ancestral funciona cuando tu Alma trae a tu vida exactamente lo que necesita que escuches. En nuestro ejemplo, esto se manifestaría como un amigo llamando por teléfono y diciendo: "Adivina qué, siento un impulso para empezar a escribir de nuevo".

La ley "Como es adentro, es afuera" puede funcionar a la inversa: puedes tener la tentación de encontrar un trabajo que ya has superado y que no sirve a tu corazón y a tu Alma. En este caso, es muy posible que atraigas a alguien que te ofrezca un puesto haciendo ese antiguo trabajo, o que te diga que acaba de ser contratado para hacer el trabajo que tú has superado. El sentimiento dentro de ti será de repulsión, ya que tu Alma rechazará el pasado con un fuerte sentimiento negativo en tus entrañas. Te pedimos que eches un vistazo a lo que está sucediendo o no está sucediendo en ti. Ve a tu interior y observa lo que sientes dentro de tu cuerpo. Escucha los pensamientos que pasan por tu cabeza. ¿Estos pensamientos y sentimientos resuenan y se sienten como el pasado? Si la respuesta es sí, entonces estás viviendo en tu pasado dentro de tu mente y algo está sucediendo en el exterior, en tu entorno, que se ve y se siente igual que en el pasado. Cuando tus pensamientos y sentimientos te hacen sentir feliz y esperanzado, puedes estar seguro de que estás obedeciendo el llamado de tu Alma.

Aunque a la mayoría de los seres humanos les resulta difícil ver sus creencias subconscientes ocultas, te decimos: despierta y huele las rosas, o el estiércol de vaca. De cualquier manera, tus creencias internas se están comunicando a través de tu realidad exterior.

Presta atención y podrás cambiar inmediatamente lo que te produce dolor por lo que te hace sentir bien y real, tanto adentro como afuera.

¿Qué falta?

Respira el Amor Divino de color blanco y dorado. Exhala cualquier frustración o ansiedad de tu cuerpo. Concéntrate en tu respiración y cuando te sientas centrado, pregunta, "¿Qué falta en mi realidad exterior?". ¿Amor y afecto? ¿Dinero y progreso profesional? ¿Buena salud y vitalidad? Repite: "Estoy dispuesto a experimentar el milagro de que mis Ángeles y Guías me muestren a través de mi vida cotidiana lo que necesito cambiar en mi interior para que el exterior mejore. Yo lo *permito*".

◈◈◈

Mensaje 42

LAS ALAS DE ÁNGELES

*L*as alas de los Ángeles están hechas de Amor Divino y te protegen en todo momento y en todas las situaciones. Los Ángeles no podemos interferir en tus lecciones o en tu karma; sin embargo, podemos guiarte a través de tu intuición y moverte a la izquierda, a la derecha, arriba o abajo con nuestra energía. Nuestras alas están vivas y son todopoderosas. Cada momento de cada día las alas de los Ángeles tocan a todos y cada uno de los seres humanos y, lo creas o no, los humanos las pueden ver. Aunque las ven, no reconocen su presencia a menos que elijan hacerlo. Tómate un momento mientras lees esto y mira por las esquinas de tus ojos. Nos verás. Estamos aquí. Si crees que no nos ves, es porque tu mente espera algo diferente de lo que ven tus ojos. Nuestras alas parecen una luz blanca pulsante, a menos que queramos mostrarte nuestros colores.

Cuando un Ángel se para directamente frente a ti, tu cerebro te impide (a menos que hayas aprendido a confiar) ver al gran Ser de luz y sonido que te colma de Amor y afecto Divino. ¿Por qué ocurre esto? Porque puede que pienses que te has vuelto loco o convencerte de que te has inventado la imagen en tu imaginación. Los humanos se sienten más seguros cuando ven lo que vibra en la misma longitud de onda que sus propios cuerpos. Todas las cosas que se manifiestan físicamente en la Tierra comparten una vibración similar y por eso ves a las personas, las plantas, los muebles y otras cosas como tangibles y sensibles. Cuando el ala de un Ángel te toca, puedes estar seguro de que el Ángel tiene un mensaje importante que entregar. Sí, Dios está hablando y los Ángeles de Dios son los mensajeros. Puede que a tu ego no siempre le guste el mensaje; sin embargo, tu ego, tu corazón, tu cuerpo y tu Alma necesitan el mensaje.

¿Los Ángeles te escuchan? Sí, los Ángeles escuchamos todos tus pensamientos, positivos o negativos. Te decimos que escuchamos tus oraciones incluso antes de que las hayas dicho. Te vemos. Te sentimos. Te tocamos. Te protegemos. Te *amamos*. Pide experimentar la sensación de nuestro abrazo.

Las alas de los Ángeles

Visualízate de pie en la puerta del Cielo. Busca una puerta púrpura que abra tu mente a tu corazón y al Cielo. Respira el amor y abre la puerta. Atraviésala y búscanos en el jardín de las flores. No tienes que temernos. Estamos hechos de bondad amorosa y nuestra alegría se expande cuando te ayudamos. Respira nuestra alegría y pídenos que aparezcamos. ¿Nos ves? Sigue respirando y permite que tu cerebro te muestre lo que tu corazón ve todo el tiempo: las alas de los Ángeles rodeándote. Uno o más Ángeles, grandes seres de luz y sonido, se acercarán a ti. Los Ángeles necesitan entregarte un mensaje. Abre tus oídos internos y escucha un mensaje de gran importancia. Existimos para *amar*. Te invitamos a que te acerques y sientas el abrazo del Cielo. Te damos la bienvenida a nuestros brazos; nuestras suaves y amorosas alas te esperan para cuidarte y restaurar tu fe.

Mensaje 43

LOS ÁNGELES EN LA NATURALEZA

El Cielo y la Tierra están más unidos de lo que crees. Los Ángeles viven en el Cielo, un lugar y un espacio donde la ilusión del miedo no existe. Los Ángeles viven en la Tierra, un lugar que se acerca más al Cielo cada momento. Estamos aquí, de incógnito, sosteniendo la vibración del amor puro para ayudar a todas las mentes humanas a salir de la ilusión de que el miedo es real. La Madre Tierra viene de los Doce Reinos de Arcángeles. El Padre Sol es uno de nosotros. Los delfines y las orcas en el mar son Ángeles Querubines. Las enormes secuoyas son Ángeles Deva que están cimentando el proyecto de una nueva Tierra. Los océanos son una expresión de otro gran Ángel. Nosotros somos tu Tierra, Agua, Aire y Fuego. Cuando necesites que te recuerden la realidad de los Ángeles, visítanos en la naturaleza.

La naturaleza ancla la vibración divina femenina de Dios. La Divinidad Femenina es el recipiente que contiene la vibración divina masculina de Dios. La Divinidad Masculina dirige a la humanidad a tomar acciones positivas que traen el cambio para alcanzar el mayor bienestar para la humanidad y la Madre Tierra. La naturaleza, en esencia, es necesaria para que la humanidad reclame y exprese su divinidad. Pasar tiempo en la naturaleza es el mayor regalo que puedes hacer a tu Alma. Dar las gracias por la naturaleza es el mayor regalo que puedes hacer a tu ego. Mostrar que valoras a la Madre Tierra, respetándola, es una verdadera forma de conectar con los Ángeles. Esta conexión fomenta la comunicación entre tú y todos los reinos de los Ángeles.

Te agradecemos elegir amar a la Madre Tierra y descubrir su abundancia de Ángeles. Te mantenemos en una vibración de Unidad Divina. Busca el Cielo en la naturaleza y abre tu mente a la inteligencia superior que te rodea.

El siguiente ejercicio no debe realizarse en presencia de animales salvajes porque tu vibración humana podría perturbar su comunidad.

Nuestro ejercicio te llevará al mundo mágico donde tu vibración coincide con la de estos grandes seres.

El milagro de la naturaleza

Respira y exhala profundamente. Visualízate en un santuario de elefantes. Siéntate a los pies de la elefanta matriarca. Cántale una canción de amor. Cántale tu gratitud por ayudar a mantener el planeta unido. Escucha y siente la canción que ella te canta de vuelta. Escucha y siente cómo se unen los demás elefantes. Pide a los elefantes que te muestren sus formas angelicales. Abraza la luz que ofrecen. Pide a tu Divinidad Femenina y Masculina que llene cada célula de tu ser con la luz dorada del amor. Comparte tu luz con los Ángeles elefantes.

Mensaje 44
LA INFANCIA FELIZ

*L*os seres humanos a menudo se engañan creyendo que ya son adultos cuando llegan a los dieciocho, veintiuno, treinta, cuarenta, cincuenta, sesenta, setenta y más años. Los Ángeles Guardianes sabemos que no es así. Estamos aquí para decirte que llevas tu infancia contigo durante toda tu vida, estés o no consciente de ello. Cualquier deseo insatisfecho, así como las heridas y resentimientos no sanados, permanecen contigo y continúan jugando una y otra vez hasta que se resuelven en pro de tu mayor bienestar y máxima felicidad. Hay un niño herido que vive dentro de tu subconsciente, así como un niño feliz que vive dentro de tu corazón (superconsciente), y estos niños internos siempre están tratando de fusionarse y convertirse en uno. Te animamos a que conozcas tanto al niño herido como al Niño Divino y juntos emprendan el viaje de crear una nueva y feliz infancia hoy mismo. El niño que llevas dentro es tu mejor maestro. Él o ella conoce las lecciones que aún necesitas dominar. El niño interior sabe cómo aportarte lo que tu corazón desea y lo que tu cuerpo necesita.

Esta fuente de la eterna juventud que hay en ti es la clave para transformar la pérdida del pasado y proporcionar prosperidad para el futuro. El niño en tu interior está ayudándote a reparar el pasado al continuar trayéndolo hacia ti en diferentes rostros y situaciones. El resultado no cambia hasta que recuperas tu autoestima y cambias tu impotencia por fuerza y sabiduría. Digamos que tu madre no pudo amarte de la manera que necesitabas ser amado. Puedes estar seguro de que el niño en tu interior te traerá relaciones que te recordarán la relación con tu madre, atrayendo los mismos sentimientos de rechazo, pérdida y decepción. El niño herido y el Niño Divino trabajan en equipo para traer a tu vida las situaciones y experiencias que se sienten como una repetición del pasado hasta que tú te perdonas, te transformas y te *amas incondicionalmente*.

En este momento, tienes el poder de hacer una limpieza interior de todos los sentimientos y recuerdos de haber sido estafado con aquello que debería haber sido tuyo. Puedes perdonar el resentimiento de cómo podría haber sido la vida si hubieras tenido mejores padres, una mejor educación o una infancia diferente a la que te tocó. En realidad, fue la infancia que diseñaste y cocreaste *antes de nacer*. Cambiar el pasado con tu imaginación creativa cambia el presente y trae nuevas oportunidades y bendiciones a tu futuro.

¡Ven, te mostraremos cómo cambiar la infancia de tu pasado para que puedas vivir una infancia feliz hoy!

 ### *Crear una infancia feliz hoy*

Respira profundamente y exhala lentamente. Cierra los ojos y toma algunos recuerdos infelices de la infancia y ponlos en el color violeta. Observa cómo el fuego violeta limpia los recuerdos hasta que ya no los veas ni los sientas en tu imaginación o en tu cuerpo. Crea un nuevo escenario que el niño en tu interior desee experimentar. Repite: "Me *permito* a mí mismo y a mi niño interior tener una nueva y feliz infancia *ahora*". Te invitamos a pedir de nuevo que afloren los viejos recuerdos o sentimientos de pérdida y angustia. Una vez más, lava las escenas del pasado con fuego violeta y cámbialas por lo que deseas. Respira profundamente e imagina cómo te gustaría que fuera tu futuro, basado en un nuevo cimiento de amor y felicidad.

Mensaje 45

LA VARITA Y LA COPA MÁGICA

*A*menos que elijas lo contrario, existen dos formas arcaicas de pensar que pueden apoderarse de tu mente y llenar tu cuerpo de ansiedad. La primera es el paradigma "antiguo masculino", en el que tu ego cree que debes tener el control de todo lo que ocurre y ser capaz de controlar los acontecimientos futuros, exigiendo que el futuro funcione como el pasado. La segunda es el paradigma "antiguo femenino", que invita a tu ego a que sea una víctima de todas las decepciones de la vida. El "antiguo femenino" pone a tu ego en una caja para que no puedas "pensar afuera de ella" y tus pensamientos giran como un hámster jugando en una rueda. El "antiguo masculino" detiene el flujo creativo con su control y tiene a tu ego creyendo que no eres lo suficientemente bueno y que el rechazo es inminente.

Te presentamos una cura para estas formas anticuadas y mohosas de pensar en la vida: la **varita** y la **copa**. La varita es un símbolo del poder creativo de la Divinidad Masculina. La copa es un símbolo de la receptividad de la Divinidad Femenina a todo lo que es bueno y trae alegría. La Divinidad Masculina cambia el pensamiento del control a la verdad de que Dios manifiesta todas las necesidades del ser humano a través del yo superior. La Divinidad Femenina eleva la vibración del ego que está atrapado en la culpa y el resentimiento para *sentir y creer* que uno puede recibir la abundancia de Dios ahora. Tu Divinidad Femenina y Masculina te apoyan a través de la ley de atracción, la poderosa energía de tu Alma.

La ley de atracción te trae aquello que está en tu intención. Cuando los paradigmas del antiguo masculino y antiguo femenino están sentados en sus tronos, atraes el estrés, la preocupación y el pasado. Cuando la varita y la copa están fijas en tu mente, atraes lo que necesitas para sentirte seguro y feliz en el momento. Si esto es dinero, entonces el dinero viene. Si se trata de un nuevo trabajo, viene un nuevo trabajo. Si es amor, el amor viene. La Divinidad Masculina y la Divinidad Femenina son los aspectos masculinos y femeninos de tu Alma y unen tu corazón y tu mente con tu SobreAlma, la parte más grande de ti que siempre vive en el Cielo. Te animamos a que elijas en cualquier momento expulsar lo que está oxidado y mohoso y dar la bienvenida a lo fresco y nuevo. ¡Elige la varita y la copa!

 ## Liberar el trono

Respira. Cierra los ojos y expulsa cualquier miedo, ansiedad o contracción que sientas en tu cuerpo. Inspira amor, dulzura y expansión. Ve a un anciano feroz y mezquino sentado en un trono. Junto a él se sienta una anciana gruñona y malhumorada, también en un trono. Se sientan juntos en una pequeña habitación que solo tiene una diminuta ventana y una diminuta puerta. Abre la puerta, lanza una bomba de amor de fuego violeta dentro de la habitación y repite: "¡Basta de controlarme y de hacerme sentir miserable!". Observa cómo el fuego violeta de la transformación y el perdón llenan la habitación y la transforman en un hermoso campo que es vasto y de color verde esmeralda. Clavado en el suelo hay un largo bastón —la varita de la Divinidad Masculina— y junto a él, una hermosa copa de oro con adornos de plata. Toma la varita y la copa y siente el poder y el amor en cada una de ellas. Inhala y exhala profundamente. Repite: "Yo llamo a mí todo lo que necesito y deseo para mi mayor bienestar y felicidad *ahora*". Toca la varita contra el suelo y visualiza que lo que deseas llega a tu vida. Bebe de la copa y siente la satisfacción de recibir todo lo que has pedido y más.

Mensaje 46

EL LIDERAZGO CREATIVO

*E*l liderazgo creativo empieza por tener la capacidad de apartar los obstáculos del ego (como el miedo, la duda y el control) para que la mente y el corazón puedan centrarse en los objetivos que hay que alcanzar. Estos objetivos no se refieren únicamente a las tareas que hay que realizar o las cuotas que hay que cumplir; también incluyen ayudarte a ti mismo y a los demás a ser mejores comunicadores y tomadores de decisiones.

Tanto si trabajas para ti mismo, como en un equipo, o en la cima o en la base de una organización, el liderazgo creativo puede aportarte un mayor éxito en las áreas de tu vida en las que más se necesita. Cuando la intuición del corazón se valora por encima de las quejas del ego, puedes lograr lo "imposible". El mundo actual exige que entiendas el éxito desde una perspectiva más profunda y amplia. Los Doce Arcángeles del Alma Central son los supervisores universales de todos los líderes y de todos aquellos a quienes dirigen en la Tierra. Te decimos, líder o seguidor, que el éxito llega mejor si eliges conscientemente ceder el libre albedrío del ego a la voluntad superior del Alma. Los egos temerosos que buscan el poder, la riqueza y la gratificación instantánea, descubren que terminan cosechando lo que sembraron: destrucción y autosabotaje. Los egos que equilibran la lógica con la intuición evolucionan hacia posiciones de influencia positiva que vienen acompañadas de respeto, éxito a largo plazo y cooperación voluntaria.

Ha llegado un cambio que está ocurriendo para el mayor bienestar y la evolución profesional de todos los implicados. Para apoyar la transformación de tu yo del ego, mira dentro de la biblioteca de creencias que existe dentro de tu propia mente y presta atención a cómo estas creencias se convierten en realidad en la película de tu vida laboral. Cuando no te guste lo que estás experimentando, ve a la biblioteca y tira el libro de mentiras que te tiene envuelto en la duda sobre ti mismo o que está creando la experiencia en el trabajo donde no eres visto, escuchado o valorado. Te llamamos a ser un líder que utiliza tu mente creativa para mejorar el entorno que te rodea haciendo cambios positivos y duraderos en tu interior.

Te recordamos que tienes elección. Es sabio tomar decisiones basadas en confiar en lo que tu Alma (intuición visceral) te dice. Incluso cuando el resultado no es lo que tu ego espera, sigue confiando en que todos los eventos ocurren dentro del orden divino. Muchas situaciones no son lo que parecen ser y pueden necesitar pasar por una muerte antes de que pueda haber un renacimiento y un éxito definitivo. Los líderes más respetados de la Tierra conocen esta verdad y la viven.

Decimos que el liderazgo creativo conduce al éxito duradero. Liderar con miedo engendra más miedo. Liderar con amor atrae la lealtad, la integridad, la fama y la fortuna. Confía en nosotros, conocemos las reglas y el momento de cambiar el liderazgo es aquí y ahora. ¡Elige un cambio positivo y productivo y lidera!

Despejando las estanterías

Imagínate entrando en una gran biblioteca. Los Doce Arcángeles están de pie en medio de todos los grandes libros apilados en las estanterías a tu alrededor. Pídeles que te muestren qué libros son mentiras disfrazadas. Todos los libros que contienen creencias que deben desaparecer brillarán en colores de neón. Repite: "Dejo que todas las mentiras que he creído en esta vida o en cualquier otra sean transmutadas y abolidas de mi biblioteca *ahora*". Apártate, exhala el miedo e inhala el amor y observa cómo las creencias dañinas se convierten en polvo blanco. Todas las creencias que sean en pro de tu mayor bienestar y evolución permanecerán en los estantes.

Se recomienda que vengas a despejar tu biblioteca cuando tu trabajo se haya estancado o cuando te sientas dado por sentado, abrumado o invisible. Despejar las viejas creencias que ya no te sirven permite que tu alma y tu corazón te guíen hacia un éxito nuevo y más rico.

Mensaje 47

COMPASIÓN, LA VIBRACIÓN MÁS ALTA

*L*a Gran Escuela de la Dualidad, también conocida como la Tierra, tiene una lección central que todos los seres humanos deben estudiar y repetir hasta incorporarla plenamente a su ser. Esta lección es la más difícil y, a menudo, la más dolorosa de su educación. No está permitido hacer elecciones por otros seres humanos adultos ni responsabilizarse de las elecciones que ellos hacen por sí mismos. Cada ego debe aprender a elegir el amor sobre el miedo si desea crear una vida feliz, sana y equilibrada aquí en la Tierra.

La verdadera compasión es aceptar que la mejor manera de ayudar a otro ser humano es siendo consciente de tu propia vibración. La vibración más alta es el amor incondicional y la más baja es el miedo. Tanto el amor como el miedo magnifican. El amor expande, eleva y purifica las vibraciones más bajas dentro de ti y a tu alrededor. El miedo contrae, baja y enturbia la vibración, pero no en el mismo grado en que el amor puede elevarla. Los Ángeles te apoyamos para ayudar a tus seres queridos, viviendo una vida compasiva. Una vida compasiva te pide que comprendas cómo la vibración de tus propias elecciones, pensamientos y sentimientos impactan en los que te rodean.

Por ejemplo, cuando los amigos o los miembros de la familia están en crisis, muestra compasión amándolos sin entrar en el miedo con ellos. Si te metes en el drama con ellos, entonces tu vibración y energía ahora los apoya a permanecer en ese drama. No te servirá rescatar a tu ser querido de su drama porque te prometemos que solo lo repetirá de nuevo. No te servirá tomar empáticamente su sufrimiento en tu propio recipiente y colmarlo de simpatía. Esto solo servirá para arrastrarte al mismo abismo. En su lugar, llama a tu Ángel Guardián para que llegue a la mente y a la vida de los que amas y les ayude a cambiar su vibración del miedo y la contracción al amor y la expansión. Los Ángeles ayudamos a todos los que están en crisis y en caos mediante el uso de nuestra vibración. Nuestra vibración de amor incondicional eleva la vibración de pánico y autocompasión de los humanos a los que ayudamos para que puedan tomar decisiones más sabias. La elección que necesitan hacer se les presenta una y otra vez hasta que la consiguen.

Ayúdanos a acabar con el sufrimiento del planeta Tierra eligiendo responsabilizarte por tu propia vibración, estando dispuesto a transformar cualquier vibración baja y respetando a tus semejantes y tratándolos con verdadera compasión. ¡Estamos realmente agradecidos por tu servicio a la humanidad!

Elevando tu vibración

Comienza respirando profundamente la luz violeta. Exhala tus miedos hacia esta luz y confía en que se transforman en amor. Imagina que tus pensamientos temerosos, críticos y negativos fluyen por la parte superior de tu cabeza como la lava de un volcán. Observa cómo la lava fluye hacia un océano de fuego violeta y repite: "Libero, dejo ir, elijo el amor". Ahora, concéntrate en tus sentimientos y permite que todo el dolor, ira, negación, vergüenza y culpa formen un pequeño monstruo en tu vientre. Su nombre es "Señor Rencor". El Señor Rencor puede crecer tanto como lo necesite; cuando haya terminado de crecer, imagina que lo empujas fuera de tu vientre hacia la izquierda, al océano de fuego violeta. Repite: "Adiós, Señor Rencor. Yo elijo el amor y elijo permitir que el Amor Divino me llene y me sane *ahora*". Entra ahora en una bañera llena de agua. El agua es verde esmeralda, turquesa y rosa rubí. Lava las bajas vibraciones que hayan quedado y disfruta sintiendo el amor. Repite: "¡Elijo vivir una vida compasiva hoy y siempre!".

Mensaje 48

EL MUNDO CAMBIANTE

*D*esde el principio, hemos caminado contigo en tu viaje. Mientras te guiamos y apoyamos para que te entregues a tu verdadero yo, te pedimos que estés aquí ahora. Para evolucionar hacia una vida mejor, debes dejar ir tu pasado; cuando te aferras a los remordimientos del pasado, los llevas a tu futuro. Deseamos que vivas una vida sin remordimientos y sin sufrimiento. Hoy, los Doce Arcángeles del Alma Central te dan el mensaje de que tu mundo está cambiando y que está ocurriendo la más magnífica magia. La humanidad está despertando para aceptar que el cambio debe ocurrir de adentro hacia afuera. Ya no le da al ego una satisfacción duradera culpar a otros por las propias elecciones y experiencias. Amarte a ti mismo y a los demás incondicionalmente genera los mejores resultados, que duran y que traen la transformación donde nunca ha existido. Caminamos contigo fuera de tu pasado hacia un nuevo ahora.

Ahora es el momento de aceptar la responsabilidad de tu propia vida y de tender la mano y ayudar a los demás hombres y mujeres. Decimos que hay que tender la mano y ayudarles a que se ayuden a sí mismos. Ámate a ti mismo y cuida de todo tu recipiente. Elige cada día crear paz y equilibrio entre la voluntad de tu ego y la verdad de tu corazón. Al hacer esta elección, porque eres uno con todos los demás seres humanos, ayudas a evitar la guerra en el futuro. Da gracias por los ricos y abundantes regalos con los que Dios te ha bendecido a *ti* en este viaje. Debido a que eres uno con todos los demás seres humanos, al hacer esto ayudas a poner fin a la pobreza y la codicia en la Tierra. Experimenta tus sentimientos y deja ir las heridas y los resentimientos del pasado. Debido a que eres uno con todos los demás seres humanos, hacer esto ayuda a los médicos y sanadores a crear curas para el cáncer y otras enfermedades debilitantes. Asume la responsabilidad de tus elecciones, tus pensamientos, sentimientos y vibración y transforma lo que es bajo y negativo. Debido a que eres uno con todos los demás seres humanos, hacer esto ayuda a cambiar los efectos de la contaminación global y a devolver el equilibrio a la Madre Tierra.

Abre tu vida a la transformación y observa cómo el mundo cambia para mejor. Nos alegra compartir la buena noticia: la humanidad, colectivamente, está despertando a la verdad y eligiendo creer en el amor.

Cree que *tú* puedes marcar una diferencia significativa si cambias tus paradigmas de creencias. Acepta la transformación y permite que Dios esté al mando. Solo se necesita intención, concentración y un poco de autodisciplina del ego para estar en el presente, aquí y ahora. ¡Te agradecemos que hayas despertado y que ayudes a que tu mundo sea un hogar más seguro y saludable para todos sus habitantes!

 ## Nuevo mundo

Cierra tus ojos y respira la luz rosa rubí del amor de la Madre Divina. Visualízate de pie frente a una hermosa puerta púrpura, la puerta del Cielo. Llama a la puerta hasta que tu ser divino, el Hijo de Dios que vive dentro de ti, abra la puerta. Bajen juntos por una larga escalera hacia un sótano oscuro. Busca a tu niño o a tu yo herido y pregúntale "¿Qué necesito soltar?" Suéltalo y deja que la luz del amor de Dios llene el sótano hasta que desaparezca en la luz. Llena tu recipiente con Amor Divino en todo el arcoíris de colores amorosos de Dios: violeta, rubí, azul zafiro, verde esmeralda, turquesa, oro, coral y blanco. Crece a lo ancho y a lo alto hasta que puedas sostener el mundo en tus amorosas manos y siéntete uno con el mundo y con tu corazón. Da gracias por el nuevo mundo que emerge del antiguo. Pide a Dios que bendiga al nuevo mundo con todo lo que necesita y con todo lo que sus hijos necesitan para vivir en paz y abundancia. ¡Da gracias por todos los milagros que están ocurriendo ahora para tu nuevo mundo!

CARTAS DE LOS ÁNGELES

Inspiración para las cartas de los Ángeles

*La guía de las cartas de los Ángeles consiste en invocar una interven-
ción divina cuando más la necesitas. La ternura de sus palabras funciona para calmar el ego herido y ayudarnos a sentir que no estamos
solos. Por ejemplo, he utilizado el método del arcángel Gabriel para
comunicarme toda mi vida (ver "Carta de Gabriel: la comunicación").
Simplemente no me había dado cuenta hasta que empecé a trabajar
con los Ángeles hace tantos años. La comunicación con los Ángeles es
una forma increíble de eludir el ego cuando necesitamos transmitir
un mensaje importante. En mi propia experiencia, la comunicación de
Gabriel viene en otras formas también: ¡No he necesitado un desper-
tador desde que aprendí que Gabriel tocará la trompeta a cualquier
hora que se le pida! Puedes descubrir por ti mismo otras formas en
las que los Ángeles están aquí para ayudarte.*

*Por favor, recurre a las cartas de los Ángeles cuando necesites
recordar que* nunca *estás solo.*

···

Carta de Gabriel
LA COMUNICACIÓN

Queridos seres humanos:

Los seres humanos buscan la independencia de pensamiento, palabra y acción y, por lo tanto, no suelen disfrutar cuando se les dice lo que tienen que pensar, decir, sentir o hacer. El ego ha desarrollado fuertes dispositivos de protección para que incluso el consejo más sincero, ofrecido por otro, caiga a menudo en oídos sordos.

Soy el arcángel Gabriel, Reino de la Comunicación, y te presento un método para comunicar tus preocupaciones más profundas por otros seres humanos sin interferir en su evolución y su destino. Llamamos a esto usar la Onda Aérea Angelical y prometemos resultados milagrosos para el mayor beneficio de todos los involucrados.

Te explicamos cómo funciona.

Invoca a Gabriel para que abra el canal entre tu SobreAlma y la SobreAlma de la persona con la que deseas comunicarte.

Piensa en lo que quieres decirle a la persona, no te preocupes por las palabras o si el mensaje es demasiado duro o demasiado suave, simplemente dilo. Abre tu corazón y envía amor, sí, incluso si estás completamente exasperado con quien estás pensando comunicarte.

Gabriel transmutará toda la energía negativa relacionada con el mensaje utilizando el fuego violeta de la transformación y el perdón de Dios. Ten en cuenta que tu mensaje se enviará en el mejor momento y será recibido exactamente por el punto de mayor conciencia del receptor.

Escucha tu intuición, porque a menudo escucharás una respuesta y siempre recibirás la confirmación de Gabriel de que tu mensaje fue enviado y recibido, de acuerdo con la voluntad de Dios, para el mayor bienestar de todos.

¡Exprésate! ¡No te reprimas! ¡Comunícate de una manera que funcione, una manera en la que puedas ser escuchado!

¡Yo estoy siempre contigo!

Con amor,

Gabriel

Carta de los
Doce Reinos de Arcángeles

LOS NIÑOS
Y SUS ÁNGELES GUARDIANES

Queridos seres humanos:

Es más fácil para los niños recién nacidos ver a sus Ángeles Guardianes que ver cualquier cosa en forma física en la Tierra. Sus Ángeles juegan con ellos y los rodean con el amor de Dios. Sus Ángeles Guardianes ayudan a sus Almas a hacer la transición entre la vibración del Cielo y la Tierra y a ajustarse a estar en un cuerpo pequeño. Los bebés duermen para poder crecer y para que sus Ángeles les ayuden a adaptarse a su nuevo entorno, un entorno en el que el shabungi del miedo sigue presente.

A medida que los bebés crecen y se convierten en niños pequeños, sus Ángeles Guardianes están igual de presentes, aunque ahora los bebés están más distraídos por lo que ocurre en el mundo físico. Los bebés deben aprender a comunicarse de nuevo con palabras pronunciadas en lugar de comunicarse exclusivamente con el pensamiento y la música del Cielo.

El niño pequeño y el de edad preescolar todavía puede ver y sentir a sus Ángeles con facilidad y a menudo se dirigen a ellos como compañeros de juego invisibles. Estos compañeros de juego no rompen cosas ni dicen nada hiriente. El ego del niño está intentando crear una separación y ya está intentando controlar y evitar la responsabilidad. Los Ángeles Guardianes no se permiten interferir en la separación porque el Alma ha llegado a experimentar el miedo y luego transmutarlo en vida.

Cuanto más imaginativo sea el niño, más reales y vivos serán sus Ángeles Guardianes. ¡Esperamos que animes a tus hijos a mantener su imaginación abierta!

Pregunta a tus hijos por sus Ángeles y ellos te contarán todo sobre sus amigos de la luz y el sonido. Anímalos a llamar a sus Ángeles Guardianes para que les ayuden y les entretengan cuando estén aburridos o se sientan solos.

 Ejercicio de imágenes para hacer con tus hijos

Siéntense juntos en una habitación cómoda. Pongan música relajante y agradable de fondo. Cierren los ojos y ambos imaginen que están sentados en una burbuja gigante de luz rosa. Respira y da la bienvenida a sus Ángeles Guardianes para que vengan y les digan sus nombres.

¿Qué colores llevan y qué aspecto tienen? Recuerda que pueden tener aspectos diferentes a los que esperas. Pregúntales lo que quieras. Cuando estén listos, abran los ojos y compartan sus experiencias entre ustedes.

Llama a tus Ángeles Guardianes para todas las cosas grandes y pequeñas. Nada es demasiado grande o demasiado pequeño para pedirle a tu Ángel que te ayude. Los Ángeles siempre seguimos la ley del uno de Dios. Esto significa que solo haremos lo que sea por la máxima felicidad y el bienestar de todas las personas y de toda la Creación de Dios.

¡Somos reales! ¡Estamos a tu alrededor! ¡Llámanos y recuerda que Madre y Padre Dios te aman siempre!

AMOR Y ALEGRÍA PARA TI,

LOS DOCE ARCÁNGELES

P. D. Queridos padres:

Los Ángeles Guardianes son los consejeros más cariñosos. Recuerden a sus hijos que deben llamar a sus Ángeles ante cualquier acontecimiento trágico, como la pérdida de una mascota o de un ser querido. Los Ángeles pueden ayudar a calmar y tranquilizar a sus hijos en momentos de estrés para la familia y durante transiciones importantes. Envíen a los Ángeles Guardianes de sus hijos a la escuela todos los días. Recuerden que el Alma de sus hijos sabe lo que debe experimentar y los Ángeles pueden ayudar a que estas lecciones sean aprendidas con dulzura.

Carta de los
Doce Reinos de Arcángeles

MANEJANDO LAS CRISIS

Queridos seres humanos:

Para cualquier crisis o situación estresante, recomendamos lo siguiente:

Respira profundamente y exhala lentamente. Llama a tus Ángeles y repite: "Yo me entrego". Diles a tus Ángeles lo que necesitas en el momento presente. Sé lo más específico posible.

Respira.

Mantén tu mente en el presente. Repite: "Me entrego a la voluntad de Dios".

Respira y confía en que todo está en orden divino. ¡Estamos contigo! ¡Estamos contigo siempre!

Después de que la crisis haya terminado, siéntate o acuéstate y pregúntale a tus Ángeles, a tu Divinidad Masculina, a tu Divinidad Femenina y al Niño Divino dentro de tu corazón, "¿Por qué generé esto y qué necesito descubrir sobre mí mismo aquí en esta situación?".

 Entender las crisis

Respira profundamente y exhala lentamente. Imagina que observas tu crisis como si estuvieras viendo una película en la gran pantalla. El Maestro Miedo es un personaje que te enseña mucho sobre ti mismo y te dice dónde estás cediendo tu poder. El Maestro Miedo es en realidad un Ángel disfrazado. El miedo te da la oportunidad de confiar en Dios, completamente. Visualízate enfrentando al Maestro Miedo. Pregúntale por qué te está probando de esta manera. Pregúntale: "¿Qué debo aprender de mi incomodidad para cambiar la película y detener esta crisis?". Ahora, cambia la película. Redirige los acontecimientos para que tú seas el héroe de la escena. Repite: "Estoy dispuesto a experimentar el milagro de que esta crisis termine. Estoy agradecido de haberla dejado atrás".

 Ejercicio guiado de imágenes para los que ayudan a otros en crisis

Respira lentamente y exhala completamente hasta que te sientas tranquilo y centrado. Repite: "Yo soy uno con Dios". Rodéate de la luz blanca y dorada del Amor Divino y de la protección. Pide inmediatamente que enviemos el amor y la sanación de Dios a la persona que lo necesita. Visualiza a la otra persona en la luz de oro blanco y pide saber dónde está atrapada por el miedo. Repite: "Llamo al Arcángel Miguel para que ayude a esta persona a ver su verdad".

Cuando estés ayudando a los que están en crisis, mantén un espacio sagrado y recuerda no dejarte seducir por el drama. Cada experiencia es creada por la SobreAlma para ayudar a que el Alma humana evolucione. Las personas a las que intentas ayudar deben estar dispuestas a ayudarse a sí mismas o solo repetirán la crisis.

Cuéntanos exactamente cómo percibes la situación desde tu perspectiva humana y dinos cómo podemos ayudar a tu cliente, amigo o ser querido. Confía en que todo está en orden divino. Responderemos inmediatamente a tu petición de ayuda. Los milagros están dondequiera que los busques y ocurren en abundancia.

A medida que ves que los milagros se manifiestan para ayudar en situaciones de crisis, tu fe crece. Te recomendamos que veas el valor de pedir a tu SobreAlma experiencias que ayuden a que tu fe crezca, sin tener que pasar por una crisis. Tú eres el creador de tu realidad. Si puedes transformar el miedo en amor sin experimentar una crisis, ¡celebra! El miedo es una magnífica herramienta para construir la confianza y la fe en Dios. Recuerda: es solo una herramienta y, a menudo, el Amor Divino puede funcionar tan bien, o mejor, para construir la confianza y la fe en Dios. Cuando das por sentado el Amor Divino y la Unidad, puedes estar seguro de que el miedo estará a la vuelta de la esquina para ayudarte a aprender más sobre el poder infinito de Dios.

Con amor y cambio positivo,

los Doce Arcángeles

Carta de los Doce Reinos de Arcángeles
LA DEPRESIÓN Y EL DOLOR

Queridos seres humanos:

Los seres humanos pueden sentirse más incómodos cuando no reciben lo que esperan en el momento en que quieren que se manifieste su deseo. La depresión suele ocurrir cuando los seres humanos se sienten desesperanzados porque sus vidas parecen permanecer estancadas en la misma experiencia.

Te presentamos nuestro remedio para aliviar la incomodidad y la insatisfacción.

 Entregarse al amor

Cierra los ojos e imagina que descansas en los brazos amorosos de tu Ángel Guardián. Respira amor inmortal en un arcoíris de colores. Respira esperanza y exige el rescate divino de Dios. Entrégate a tu incomodidad. Ten en cuenta que ya casi ha terminado.

Grita, chilla y haz estallar tu vida en el fuego violeta de la transformación de Dios. Esta incomodidad casi termina. Entiende que estás limpiando el dolor e infelicidad de todas las personas en todas partes. Entiende que se está yendo y que estás aprendiendo y recordando con cada sentimiento doloroso que *Dios* es *real* y que eres uno con Dios.

Pide a tus Ángeles que te ayuden. Ve la luz brillante al final del túnel de tu depresión.

Toma nuestras manos porque siempre estamos contigo. ¡Hoy es un gran día para un milagro!

Con amor y entrega pacífica,
los Doce Arcángeles

El glosario de los Arcángeles

Comprender
el lenguaje de los Ángeles

He creado el glosario con la intención de que la guía angelical sea fácil de entender y digerir. Según mi experiencia, definimos las palabras basándonos en nuestras experiencias pasadas. Era importante para mí, y para los Doce Arcángeles, que el lector se sintiera completamente apoyado para conectar con la verdad de la información. La comprensión del lenguaje es invaluable para este propósito.

Alma: emisaria de la SobreAlma que encarna en la Tierra para sanar el karma y transformar el miedo en amor. Es la fuente, dentro del ser humano, de la creatividad y de las ideas con calidad de ingenio creativo.

Alma Central (Sol): el punto central del corazón de Madre y Padre Dios, el Amor Divino y la Creación. Este es el espacio sagrado donde Madre y Padre Dios dan a luz a cada partícula de la energía de Dios, constituyendo el Universo.

Amor Divino: la vibración de toda la energía de Dios. El Amor Divino es la expresión de la Unidad con todo el Pensamiento, Emoción y Creación Divina. El Amor Divino es Dios y Dios es el Amor Divino. El Amor Divino es la fuerza que mantiene unido al Universo.

Ángel: ser de puro Amor Divino cuyo propósito es nutrir y asistir, obedeciendo la ley del uno (de manera que sea para el mayor bienestar de todo el Universo).

Ángel de la Naturaleza: el Ángel de la Creación que mantiene el chi, la fuerza vital, en la vibración de la Tierra que da al ser humano una forma física. Al momento de la muerte, el Ángel de la Naturaleza lleva el Alma de vuelta al Cielo y crea un nuevo recipiente en la vibración del Cielo.

Ángeles Guardianes: Ángeles que protegen a los seres humanos en cada encarnación y viajan con ellos a lo largo de sus vidas. Su trabajo es apoyar sin interferir, a menos que una intervención divina sea solicitada y aprobada por la SobreAlma. Protegen el cordón umbilical del Alma que la conecta con la SobreAlma mientras los humanos asisten a la Gran Escuela de la Dualidad.

Ángeles Mariposa: Ángeles que ayudan a la transformación de los miedos. Este reino angelical está involucrado en el transporte dentro de los reinos del Cielo.

Arcángel: mensajero de la voluntad de Dios al que se le ha asignado la tarea de llevar a la raza humana a su hogar, el corazón de Madre y Padre Dios. Los Arcángeles son protectores y guías para todos los sanadores llamados a asistir a otros o llamados a sanar a la Madre Tierra. Maestros de nuestras lecciones aquí en la escuela de la Tierra.

ascensión: lograr liberar la mente del miedo y fusionarse con el yo divino, mientras se está en el cuerpo humano. Vivir en la Tierra en la vibración del Cielo de amor incondicional a tiempo completo.

aura: campo energético radiante que rodea cada cuerpo (espiritual, mental, emocional y físico) del recipiente. Los colores del aura ofrecen información sobre el estado de salud de cada cuerpo. Los colores del aura del cuerpo espiritual ofrecen información sobre el propósito de la vida y el servicio a Dios del ser humano.

centro: el lugar tranquilo, silencioso y satisfecho dentro de la mente, llamado el "corazón". El centro es el hogar de Dios dentro del recipiente humano y es el lugar para sentirse pleno y unido con toda la Creación de Dios. En el centro, la mente puede abrirse y conectarse con la intuición y la verdad personal. Es igual al *centro del corazón*.

chakra: centro de energía que suministra el Amor Divino de Dios al cuerpo espiritual, mental, emocional y físico. Los chakras funcionan como las baterías de los automóviles en tanto que necesitan estar completamente cargados y alineados con el yo superior y el recipiente. La energía de cada chakra tiene un enfoque diferente para la sanación del cuerpo mental, emocional y físico.

chakra de la corona: el chakra de la energía espiritual situado en la parte superior de la cabeza. Este chakra alberga la luz o el fuego violeta, el poder angelical de la transformación y el perdón.

chakra de la raíz: el centro de energía espiritual situado en la parte inferior de la columna vertebral que alberga el amor de la Madre Divina o el Espíritu Santo. Es el chakra tribal o ancestral que, cuando se utiliza correctamente, aporta sanación a los ancestros y a las generaciones futuras. El chakra de la raíz almacena los paradigmas de creencias de supervivencia.

chakra de la voluntad (o chakra de la garganta): el centro de energía espiritual responsable de comunicar la verdad en la más alta vibración. El poder angelical de la verdad, el valor, la conciencia y la justicia del arcángel Miguel.

chakra del Alma (o chakra sexual): el centro de energía espiritual que genera la kundalini sagrada y el chi. El poder de la creatividad de los Ángeles. La fuente de la llama naranja coral dentro del ser humano.

chakra del corazón: la puerta al Cielo dentro del ser humano y el hogar del Niño

Divino. El poder del amor incondicional y la sanación de los Ángeles es especialmente útil para ayudar al niño herido a dejar ir el pasado.

chakra del plexo solar: el centro de energía espiritual responsable del poder y la confianza personal. El poder del amor magnético de los Ángeles que permite mejorar la autoestima y genera felicidad.

chakra del tercer ojo: centro de energía situado en el centro del cerebro que es responsable de recibir y enviar toda la comunicación intuitiva. El poder de los Ángeles de la llama fucsia e índigo para ver, oír, conocer y sentir más allá de los confines de la ilusión.

chi: la energía vital generada por el Alma a través del Ángel de la Naturaleza para crear y sustentar el cuerpo físico.

Cielo: una realidad donde el miedo no existe. El Cielo es la vibración de la Unidad y el Amor Divino puro, el espacio sagrado hacia el cual la Tierra está evolucionando.

conciencia de víctima: creencia consciente, subconsciente o de subconsciente profundo de abandono por parte de Madre y Padre Dios, otro ser humano o la Madre Tierra. La negación a asumir la responsabilidad de crear la propia realidad en la Tierra y la creencia de que esta realidad es inmutable.

confianza: un proceso continuo de uso de la intención positiva para asistir al ego en la creencia, primero, y en la experiencia, después, del apoyo incondicional y constante de Madre y Padre Dios.

copa: símbolo de la Divinidad Femenina y receptáculo para contener el Amor Divino, el amor de la Madre Divina.

Creación: la energía de Dios en luz y sonido, vibrando a una frecuencia en la que el perceptor ve la energía como tangible con el gusto, el tacto, la sensación, el sonido audible, la vista o el conocimiento. La Madre Tierra y todos sus habitantes son ejemplos de la Creación.

cuerpo de luz y sonido: cuerpo espiritual que vibra en la frecuencia del amor puro (sin miedo). El cuerpo de luz y sonido consiste en la energía de Dios del Alma Central de Dios. También se denomina *SobreAlma*.

cuerpo emocional: el cuerpo donde el ser humano almacena los sentimientos no reconocidos y no procesados. Cuando el cuerpo emocional está despejado, es el centro del corazón y el lugar de la Unidad dentro del ser humano.

cuerpo espiritual: cuerpo de sonido y luz que une la SobreAlma con el Alma. El cuerpo espiritual alberga los chakras y proporciona todas las energías de sanación necesarias para lograr la completa libertad del recipiente humano en la Tierra.

cuerpo físico: templo del Amor Divino que sostiene el precioso pensamiento y emoción del ser humano. El cuerpo físico es el contenedor que existe en la vibración más densa de la energía de Dios en la Tierra y es el cuerpo que requiere la más alta calidad y cantidad de la energía de Dios para la sanación completa.

cuerpo mental: el cuerpo del recipiente que crea y recibe el pensamiento.

destino divino: el destino es la experiencia de alcanzar la paz de estar conectado con la Unidad, todo lo que existe en el Universo. Cuando la deuda kármica se transforma, puedes experimentar la confianza de saber quién eres y cuál es tu mayor propósito en la Tierra.

Deva: Ángel que diseña la creación física y baja la vibración de la energía de Dios para lograr la manifestación de la forma física. Los Devas diseñan planetas, cuerpos humanos y todo lo físico.

Dios: todo lo que hay y todo lo que habrá. Dios es energía y esta energía es tanto luz como sonido. La luz y el sonido de Dios generan el Amor Divino y el Amor Divino genera la Creación de Dios y el Universo. Dios es igual a *Fuente* y *Creador*.

Dios Niño: ver *Hijo de Dios*.

Divino: la verdad, el amor y la voluntad de Madre y Padre Dios, resonando en la más alta y pura vibración de sonido y luz, *amor incondicional*.

Doce Arcángeles del Alma Central (Sol): conductores musicales todopoderosos y amorosos/Ángeles de la energía de Madre y Padre Dios que custodian la visión y el destino de la liberación de la humanidad del Maestro Miedo. Fundadores y profesores participantes de la Gran Escuela de la Dualidad.

dualidad: la separación del pensamiento, emoción y creación humana de la Unidad con Dios. La dualidad crea la ilusión del miedo en oposición a la realidad de la verdad del Amor Divino.

ego: la parte de la mente humana capaz de creer que el yo está separado de Dios y vive independientemente del resto de la Unidad (vive fuera del Universo). El ego define la personalidad humana en relación con otras personas y el mundo que le rodea.

emoción: el Espíritu Santo de la Madre Dios otorgando el poder de manifestar el Pensamiento Divino en la creación de experiencias en la Tierra.

energía: luz y sonido, la energía del Amor Divino de Madre y Padre Dios. La energía crea todo el Universo de Dios, formado y no formado. La palabra "energía" se utiliza a veces para denominar una función o dirección del Amor Divino de Dios. La energía de sanación es un ejemplo de la energía de Dios con un propósito y una dirección específica. La energía negativa significaría que la luz y el sonido están contaminados con el miedo; ver *shabungi*.

energía de la creación: energía que unifica el pensamiento, la emoción y el amor y genera la materia física, como las estrellas, los planetas, los seres humanos, los animales, las plantas y las rocas.

energía kundalini: las energías combinadas e integradas del fuego del Alma junto con el chi o fuerza vital. A medida que el humano evoluciona, la fuerza de la kundalini se conecta directamente con la luz y el sonido de la SobreAlma.

Espíritu Santo: el sonido de la Madre Dios en forma de Emoción Divina. Fuego rojo del Amor Divino de Dios en todas las tonalidades de rojo y rosa, que aporta amor incondicional, compasión y libertad.

evolución: el aprendizaje continuo y la ruptura del pensamiento temeroso. La evolución es el proceso de devolver el recipiente humano —elevando la vibración del pensamiento, la memoria, las creencias y los sentimientos— a la vibración y la conciencia del Cielo.

fe: lo contrario del control es la confianza. Tener fe en Dios comienza con una intención sincera de confiar en el plan divino de Madre y Padre Dios y un conocimiento cada vez más profundo de que el amor es todo lo que hay.

fuego o llama de Miguel: la energía producida por el chakra de la voluntad (garganta) fusionada con la energía de Dios de la verdad y la conciencia. La llama de Miguel quema el engaño y la deuda kármica. También es importante para la sanación del cuerpo físico y para proporcionar fuerza y valor cuando se necesita para afrontar los retos de la vida.

fuego o luz blanca: el poder angelical de purificación y protección. Esta energía proviene de la SobreAlma y del Sol Central. Al mezclarse con la luz dorada, se convierte en la luz dorada y blanca del Amor Divino.

fuego violeta: la luz y el sonido generados por el chakra de la corona que catalizan la transformación del pensamiento temeroso en pensamiento amoroso. El poder amoroso del perdón que libera al ego de su pasado.

fuerza vital: la energía chi producida por el Ángel de la Naturaleza que mantiene la forma física del recipiente humano y da vida a todas las células del cuerpo físico.

gracia divina: un regalo inesperado de introspección, perdón o comprensión. La gracia es la forma que tiene Madre y Padre Dios de mostrar su afecto. La máxima realización de vivir la vida desde el centro.

Gran Escuela de la Dualidad: la escuela de los opuestos creada por los Doce Arcángeles para enseñar a los seres humanos el valor de elegir el amor.

Guía: un ser amoroso que trabaja junto con la SobreAlma para ofrecer seguridad y dirección al Alma que viaja hacia la Tierra. Los Guías son maestros y seres queridos que ahora viven en el Cielo.

Hijo de Dios, Niño Divino, Dios Niño o Niño de Dios: el niño que todo lo cree, que todo lo confía, que es totalmente libre y hermoso dentro de tu corazón. El Niño de Dios trae el Amor Divino de la SobreAlma y da amor al yo del ego y al yo de la sombra, así como al cuerpo mental, emocional y físico.

hogar: el centro del corazón cuando la mente del ego humano está en silencio y el recipiente humano se siente completamente unido con la mente, el corazón, el cuerpo y el Alma. Hogar también significa experimentar la vibración del Cielo y la Unidad con toda la Creación de Dios.

imaginación: la puerta para experimentar la clarividencia espiritual y recibir y enviar mensajes visuales a Dios y a la Creación de Dios. La imaginación también puede llamarse "visión". La imaginación es vital para recibir ideas geniales y creativas de la SobreAlma y de los Guías. La activación de la imaginación clara, divina e intuitiva depende de la conexión con el Niño Divino dentro de tu corazón.

intervención divina: el acto de Madre y Padre Dios de interceder por la humanidad, a través de la ley del uno, para aliviar el impacto del miedo. También, un acto divino de los Ángeles para traer milagros a la vida cotidiana con el propósito de acabar con el sufrimiento y resolver las crisis. Se invita a la humanidad a pedir una intervención divina cuando sea necesario.

intuición: conocer y sentir mensajes visuales o auditivos que provienen del cuerpo espiritual, Alma o SobreAlma, generalmente transmitidos como imágenes o palabras al cuerpo mental, sentimientos al cuerpo emocional y sensaciones al cuerpo físico. Una "reacción visceral" es la intuición en acción.

karma: lecciones incompletas de la escuela de la Tierra que deben ser aprendidas y equilibradas para que el ego, a través del Alma, continúe evolucionando hacia un estado de Unidad con toda la Creación.

Ley del uno: la ley que establece que todos los hijos de Dios están influenciados por los pensamientos, sentimientos y acciones de todas las personas. Si cualquier partícula de la energía de Dios es dañada o vibra a una frecuencia menor que el Amor Divino, todo Dios experimenta esta desarmonía. Del mismo modo, cuando cualquier partícula de la energía de Dios experimenta sanación y equilibrio, el Universo se beneficia. La ley del uno gobierna los resultados positivos que ocurren cuando cualquier humano se ayuda a sí mismo a evolucionar y a confiar en el amor de Dios.

ley divina: las leyes de Dios superan a todas las leyes humanas. La justicia divina sirve desde el corazón de Dios, se manifiesta siempre según la voluntad de Dios y a favor de la máxima felicidad y el mayor bienestar del Universo.

llama: la energía de los chakras unida al poder de los Ángeles para facilitar la transformación, el despertar y la sanación. Llama significa lo mismo que *energía*. Ver también *Dios*.

llama fucsia e índigo: la energía de sanación del chakra del tercer ojo que parece un amanecer. La llama fucsia e índigo abre los canales de la intuición para ver, oír, conocer y sentir más allá del plano físico.

llama o fuego azul zafiro: el poder de la verdad y la conciencia de los Ángeles. Es la misma que la llama de Miguel. Ver también *chakra de la voluntad*.

llama o fuego rubí: la misma energía del Espíritu Santo, solo que suavizada en intensidad. El poder de los Ángeles que ayuda a recibir la abundancia de la Fuente.

llama o luz naranja coral: el poder angelical del Alma, unido a la SobreAlma. La energía de la creatividad, la kundalini y el chi. También es el combustible para el funcionamiento superior de la ley de atracción.

llama o luz turquesa: el poder de los Ángeles que proviene de la fusión de los chakras de la voluntad y del corazón, el cual facilita la manifestación del éxito y la realización de los sueños. Una llama que recuerda el poder de la gratitud y la alegría.

Lucifer Miguel, arcángel: Reino de la luz y la voluntad de Dios unidas. El arcángel Lucifer Miguel se dividió en dos reinos angelicales para crear la ilusión de separación y miedo en el planeta Tierra.

luz: el Pensamiento Divino, el Amor Divino de Madre y Padre Dios dirigido con el propósito de sanación de la conciencia humana, tanto individual como global. En este texto, la luz es sinónimo de *Amor Divino*.

luz dorada y blanca: la luz y el sonido del Amor Divino. La luz dorada y blanca puede ser llamada la energía de Cristo-Buda.

luz o fuego verde esmeralda: el poder angelical del chakra del corazón unido al corazón de Dios. Ver también *chakra del corazón*.

Madre Dios: el aspecto femenino de Dios que genera el sonido y la Emoción Divina. La energía de la Madre Dios es el Espíritu Santo, el fuego del amor incondicional y la compasión por toda la Creación de Dios. La Madre Tierra es una representación (Ángel) de la Madre Dios.

maestro: un ser totalmente conectado con el yo espiritual y que vive libre de miedo en el cuerpo mental, emocional y físico.

manifestación: el paso final en el proceso de creación en la Tierra. Llevar una idea creativa a buen término, el logro real de experimentar un milagro. La manifestación del dinero sería el momento en que el dinero físico real está a la vista.

máxima felicidad: la felicidad más envolvente y eufórica expresada por el centro del corazón. La máxima felicidad se experimenta cuando los seres humanos se unen con el Amor Divino de Madre y Padre Dios. La máxima felicidad es percibida por todas las partículas de la energía de Dios en todo el Universo.

mayor bienestar: beneficia a todas las partículas de la energía de Dios (el Universo entero) así como a todos los seres humanos, la naturaleza y la evolución de todas las Almas humanas.

miedo: energía-pensamiento humano engañoso y de baja vibración que crea la ilusión de que los humanos están separados de Dios.

milagro: un momento mágico de conciencia de recibir y/o experimentar exactamente lo que se necesita para alcanzar el mayor bienestar de todos los involucrados. Un milagro también puede ser un regalo de clara introspección.

música: la energía de sanación más potente del Universo. Los Ángeles pueden definirse mejor como música divina. La música divina de Dios es tanto el sonido como la luz emitidos en la vibración de la Unidad. Cuando se necesita una mayor ayuda, los Ángeles se multiplican, al igual que subir el volumen cuando se escucha música.

niño dentro: ver *niño interior*.

Niño Divino: ver *Niño de Dios*.

niño herido: el yo infantil dentro de ti que mantiene la memoria de las heridas y pérdidas de la infancia. El niño herido es igual al aspecto subconsciente del ego.

niño interior: el Niño de Dios envuelto en todas las experiencias humanas que crean la ilusión de abandono por parte de Madre y Padre Dios durante esta vida en la Tierra. La conexión con el niño interior ofrece acceso a los recuerdos enterrados y a los sistemas de creencias almacenados en el subconsciente profundo.

orden divino: el plan de Madre y Padre Dios para la Tierra y el Universo, perfectamente orquestado por la voluntad de Dios en el tiempo de Dios. Todos los acontecimientos de la historia de la Tierra se han desarrollado según el orden divino. El orden divino es que la Tierra y el Cielo sean uno.

Padre Dios: el aspecto masculino de Dios que genera la luz y la energía del Pensamiento Divino. Puede ser llamado *Divinidad Masculina*.

pensamiento: el aspecto masculino de la energía de Dios que permite la concepción de toda la Creación. El pensamiento es el comunicador universal entre todas las partículas de la energía de Dios.

Querubines: el Reino Angelical de la Madre Divina. Ángeles todopoderosos y amorosos que apoyan la sanación y el cambio positivo a través de la nutrición de lo femenino dentro de todos los seres humanos y el planeta Tierra.

recipiente: el campo de energía o aura protectora que sostiene la energía de la Creación de Dios en un cuerpo físico que parece ser sólido y finito. El ser humano.

respeto: una vibración de Amor Divino que facilita la elevación del yo humano al yo divino. El regalo de la gracia divina que ayuda al ego herido a ceder la dirección al Alma y SobreAlma.

sanación: la limpieza del miedo de cualquier parte del recipiente humano.

sentimiento: mensajes del cuerpo mental o espiritual al cuerpo mental que describen dónde está bloqueado, o fluyendo, el Espíritu Santo (o la emoción) en el recipiente humano. Los sentimientos son también mensajes que indican a la mente humana lo que desea experimentar.

separación: la ilusión de que el ser humano vive fuera del Alma Central de Dios. La separación provoca la experiencia en la Tierra de que el miedo es real y tiene poder sobre el destino divino del ser humano.

ser humano: un hijo de Dios que busca volver a la Unidad. Un estudiante que asiste a la Gran Escuela de la Dualidad y que necesita aprender a traer más Cielo a la vida cotidiana.

shabungi: energía negativa o de baja vibración que está hecha de pensamiento y alimentada por la emoción. Shabungi es igual a oscuridad o maldad.

SobreAlma: el cuerpo espiritual del recipiente humano que aún permanece dentro de la Unidad y la vibración del Cielo. La SobreAlma es el yo superior, que se comunica a través de la mente intuitiva y que dirige al Alma en el camino evolutivo hacia Dios.

sombra: la sombra es el aspecto engañoso, autosaboteador y temeroso del ego que a menudo permanece oculto hasta que el yo mental se abre y comienza el proceso de sanación. El fuego violeta transforma el yo de la sombra en el yo divino. La sombra puede ofrecer una gran introspección de las mentiras ocultas y los conceptos erróneos que se creen pero que no sirven.

sonido: emoción divina que genera una fuerza de limpieza y sanación todopoderosa y amorosa, necesaria para la evolución y la libertad humana. El sonido y la luz de Dios están siempre fusionados y crean al Espíritu Santo, el fuego del amor incondicional de la Madre Dios.

subconsciente y subconsciente profundo: recuerdos y creencias que se originan en el pasado y que son empujados a la clandestinidad. Los Doce Arcángeles también se refieren a este lugar de almacenamiento como "el sótano" o "la bodega".

superconsciente: la parte de la mente que se conecta con los reinos espirituales, especialmente con el Niño Divino interior. La inteligencia de la intuición.

Tierra: una manifestación de la Creación de Dios que existe en el momento presente. El planeta Tierra es la escuela para todas las Almas que necesitan experimentar la dualidad para su evolución. La vibración del planeta Tierra —debido a los pensamientos del miedo— es más baja (menos clara) que la vibración del Cielo. La vibración de la Tierra se purifica constantemente y está volviendo rápidamente a la vibración del Amor Divino.

transformación: proceso alquímico de elevar la vibración del pensamiento al nivel más alto del amor incondicional. La experiencia de cambiar el miedo por el amor y la muerte (cambio) por la vida (nuevo comienzo). La transformación divina se puede utilizar para lograr una mayor conciencia y liberación del miedo y sus ilusiones.

Unidad: estar completamente unido a todas las partículas de la energía de Dios y a toda la Creación de Dios.

Universo: todo lo que Dios ha creado; Unidad, Creación, Fuente.

varita (o varita mágica): la varita es una metáfora de la confianza, la fuerza, el poder de manifestación y la fuerza positiva y amorosa de la Divinidad Masculina.

ver: Utilizar la mente creativa, que alberga la imaginación, para crear imágenes de sanación en la mente. "Ver" en este texto es lo mismo que visualizar o imaginar.

verdad: la alineación del conocimiento físico, emocional, mental y espiritual de la mente humana con el yo superior (superconsciente.)

visualización: la acción de crear una imagen mental de uno mismo, de otra persona o de una experiencia con el propósito de sanar el recipiente. Es igual a *ver* e *imaginación*.

voluntad: el plan divino de Madre y Padre Dios para devolver a toda la humanidad a un estado de Unidad con Dios. La voluntad es la manifestación de la fuerza interior para confiar en Dios y transformar el miedo en amor. La voluntad del ego es lo que lleva al ser humano a querer una gratificación instantánea, incluso si lo que se desea traerá daño o decepción. Los Doce Arcángeles recomiendan ceder el libre albedrío del ego a la voluntad superior de la SobreAlma.

yo soy: el centro del corazón de Dios donde toda la Creación de Dios es una, el Alma Central, y el origen de todo lo que está formado y no formado. "Yo soy" define el centro humano y es el alfa y omega de la energía de Dios. Ver también *Universo*.

yo superior: ver también *SobreAlma*. La parte más grande del ser humano que vive en el Cielo y dirige las lecciones para el ego y el Alma mientras asisten a la Gran Escuela de la Dualidad.

Índice analítico